ナイトハイクのススメ

夜山に遊び、闇を楽しむ

中野純

ヤマケイ新書

日本は昔からナイトハイクの国だった。
その伝統を思い出しつつ、
スマホとネットの時代の今こそ、
新しいナイトハイクを始めよう。

目次

ナイトハイクにはさまざまな不確定要素が伴います。たとえ十分な登山経験を有し健康であっても、リスクはあります。経験の浅い方は特にナイトハイクのリスクをご理解のうえ、お楽しみください。

ブックデザイン●天池聖（drnco.）
カバー・本文イラスト●町田早季
本文DTP●キャップス
校正●與那嶺桂子
地図●北村優子（シグメディア）
編集●佐々木惣（山と溪谷社）

第一章

夜山の楽しみ

◉夜の山では自分も世界もすべて変わる

ナイトハイクをしたことのない人を連れて闇夜の町を抜け、登山口の前に立つ。「ここから山道です」と道を示すと、「え……」と連れが静かに引いているのがわかる。行く手は真っ暗闇の森でなんにも見えない。こんな漆黒の闇の中にほんとうに入っていくのかとビビっている。

でも大丈夫だ。私だってビビっている。

夜の山を好んで歩くようになってもう三十年近く経つ。ソロで数え切れないほどたくさん夜の山を歩いてきたし、延べ数千人の老若男女を闇の中へ案内してきたが、今も三十年前と変わらず、闇を前にしてちゃんと怖気づく。むしろ昔よりもビビるようになったかもしれない。

だが、ビビりながらもやっぱり今夜も闇に吸い込まれていく。なるべくライトに頼らずに闇の森を歩いていくと、目がどんどん慣れて超高感度の夜目（ナイトヴィジョン）になり、真っ暗だと思っていた目の前に、昼の森とはまったく違うモノトーンの幻想的な景色が、ボーっと魔法のように立ち現れてくる。ほんとうに暗いと、私たちの目はモノクロで物を見るようになるから、昼はカラーだった景色が、まるで夢の中のようなモノトーンの景色に様変わりするのだ。

まずはその視覚の劇的な変化に驚くが、それだけではない。五感のすべてが鋭敏になり、落ち葉がそっと着地する微《かす》かな音にも、向こうの繁みにいる獣の息遣いにも、離れたところで咲く花の香りにも気づき、肌に触れる夜霧の一粒一粒すらも感じ取れる気がする。

木々の葉が頭上を厚く覆う森では、目が超高感度になったところでなにも見えてこないが、五感が研ぎ澄まされると、複数の感覚の協働によって「今までここになにかいたに違いない」といった第六感のようなものまで働くようになる。自分が夜行性の野生動物か能力者になったような気分になる。そのことに静かに興奮しつつ歩くうちに、身も心も澄み切っていく。

夜の闇の中では自分が変わるだけでなく、周りも大きく変わる。

日が沈んで暗くなると気温が下がる。風は夕方にいったん止まり（夕凪）、海風から陸風へ、谷風から山風に切り替わる。そうして、昼の空気とは違う夜気《やき》になる。

昼行性の生き物たちは消え、夜行性の生き物たちが現れて、あっちの繁みやこっちの樹上でガサゴソと活発に動き出す。昼の鳥の明るいさえずりは止んで、夜の鳥たちの物悲しげな鳴き声が闇に染み渡り、深い森の闇をいっそう深くする。

ネムノキなどのマメ科の草木は葉を閉じて独特のシルエットをつくり、タンポポやヤブカンゾウ、ヤマシャクヤクのような昼の花も静かに閉じ、カラスウリやミョウガ、ユウスゲのような夜の花が妖しく開く。昼のにおいが収まって夜のにおいが漂う。

自分も周りもすっかり変わった夜の森を抜けて展望のいい山頂に飛び出すと、歩き始めたときは大したことないなと思っていた星の数が、ものすごいことになっている。宇宙が丸見えになる。流れ星が空を渡り、月夜なら強烈な直射月光が降り注ぎ、闇の山並みとその先に街の夜景色が遥か彼方まで見通せる。

◉天気が悪い夜はより幻想的に

天候が思わしくなく、雲や霧が星や月や街の夜景を隠したとしても、むしろそのほうが幻想的になる。夜の山はただでさえとても暗くて非日常的でこの世とは思えないのに、霧が立ち込めると完全にこの世離れした世界になる。雲や霧がどんどん動いて星空や月が突然現れてまた消えたり、眼下に光の街が現れては消えたりするのも夢のようだ。森の中では小雨程度なら問題なく、雨で湿度が上がると森のにおいが強まって、鼻に嬉しいナイトハイクになる。

夜霧でほかの星が見えにくい中、夜半《よわ》の明星と呼ばれる木星だけはよく見えることがある。ついに木星すら雲にのまれて消えてしまっても、木星のあるあたりだけ、ぼんやり雲が明るかったりする。雲越しに月が感じられるときのように、雲越しに木星だけが感じられるのだ。木星だけが夜を照らす。そんな夜は月夜ならぬ木夜《もくよ》という感じで、それはそれで幻想的だ。

月夜の山は、闇夜とはまったく別の世界になる。中途半端に暗いところでは、人間の目は青い色に敏感になるので、月夜の山は青く染まる。広葉樹の下では、青白い木漏れ日ならぬ木漏れ月がユラユラと漂い、針葉樹の細かい葉の密集を潜《くぐ》り抜けて、ようやく地面に届いた微かな月光は、まるで発光生物のようにボーっと光る。照葉樹やシャガなどのツヤツヤした葉は月光を美しく照り返し、森の闇をひとしきり歩いたあと、ポッカリと出くわす月夜の滝は、ジーっと見ていると天に昇る銀の龍に見えてくる。

春の月夜は、朧月《おぼろづき》が照らす山が青白く煙るようで、月に照らされてボーっと光る桜の花明かりも幽玄だ。冬の月夜に霜が降りてそれが月光を乱反射すると、宝石のように硬く青白い光が足もとにちりばめられ、言葉をなくすほどの美しさだ。雪山の凍った雪面も、あちこちが月光を乱反射して、無数の小さな光が冴え冴えと輝く。

天気の悪い月夜のナイトハイクで、ひとしきり雨が降ったあとに雲間から月が覗いたら、ジンライムのようなお月さまにばかり見惚れていないで、月に背を向けてみよう。雨上がりの夜空に白っぽい虹が見えることがある。月虹《げっこう》（ムーンボウ）だ。

◉カラーの世界が突然始まる

闇を歩き続けるうちにやがて空が白んでくる。人工衛星の白い光が音もなくスーっと空を渡る。星の数がどんどん減っていくと、とくに短夜の夏は「待ってくれ、まだ闇を浴びていたい」と、太陽の気配を吸血鬼のように残念に思うが、一方で感動的な時間がやってくる。

もう三十年近く前、梅雨の走りの深夜に東高尾の森を歩いたときのこと。夜が明けてきて、どこまでもモノクロの景色の中にふと、それまで全然見えていなかったヤマツツジの赤い花が目に留まり、「あ、赤だ」と思った。

と、その瞬間、まるで白黒のコマーシャル映像かなにかが突然カラーに切り替わるように、森の景色がうわーっとモノクロからカラーへいっぺんに切り替わった！　夜目（暗所視）から昼目（明所視）へ、神々の時間から人間の時間に一気に変わったのだ。日の出より前に世界が色をとりもどす、そんな劇的な時間がまず訪れるのだ。

そしていよいよご来光だ。夜明け前に起きてチャチャッと日の出ポイントに行って拝むご来光とは全然違う。暗い森を長時間歩いて身も心もすっかり闇に浸かり切ったあとに山上で見る日の出はとんでもない。地平線や水平線からメラメラと赤い太陽が湧き上がり、「おお！」と思わず手を合わせるうちにあっという間に直視できない眩しさになって頭《こうべ》を垂れる。

その輝きは、夜が爆発して朝になるという感じでものすごい。そして、長い時間、闇に沈んでいた木々の葉や草や岩や土や周りのすべてが光り輝く。モノクロからカラーへの切り替わりと爆発的ご来光の二段階で、信じられないくらいドラマチックに毎日が始まるのだと実感する。

朝日を浴びて、見渡すかぎりのなにもかもがピカピカの新品同様になる。昨日までの世界がリブートされて、まったく新しい世界が始まる。自分自身も、眠いし疲れているのに、心がすっきりと澄み切って新品同様になった気分になる。

夜の山に登ることはいったん死ぬことであり、そうして朝を迎えると自分も世界も生まれ変わって真っさらになる。いわゆる擬死再生だ。夜通し歩いたあとの、朝の沢や川の真っさらな美しさは夢のようだ。

天候が思わしくなく、ご来光を拝めなくてもそれはそれで楽しめる。晩秋の箱根明神ヶ岳でご来光を待ったときは、濃いガスに包まれて山頂以外なんにも見えなかった。日の出の方角を見てもほかの方角と大差ない。実にじっくりと夜が明けて、じっくりと明るくなっていく。ぼんやりとしたやわらかい夜明けだ。

やがて、急激に冷えてド寒くなり、日の出の方角の霧が、ふわーっとピンク色に美しく染まった。かと思うと、あっという間に霧がオレンジ色になって明るくなった。太陽はまったく見えなかったが、太陽の気配、ご来光の瞬間ははっきり感じられたのだった。

◉夜の帳が降りるのを体感

山上で日の入りを見届けて、夜の帳《とばり》が降りるのを体感するのもいい。私たちは今、いつ日が沈んで暗くなったかなんてほとんど意識しないで暮らしているが、この時間もほんとうにドラマチックに世界が変わっていく。日が落ちて、長く伸びた自分の影が消え、周りの影も消え、ときには夕焼けが西から東の空まで染めて裏御光が射して、すべてが青く染まるブルーアワーへ。

自分の掌《てのひら》を見ると手相が消えていて、そしていよいよ風景から青みが消えていくと、自分と周りの境界があいまいになる。宮崎駿監督のアニメ映画『千と千尋の神隠し』では、夜の帳が降りて千尋の体が透き通っていき、消えてしまいそうになるが、あれは実は不思議な現象ではなく、毎夜、必ず起こることだ。薄明が進むとともにまさにあんな感じで自分の体が闇に消えていくのだ。

都会のすぐそばの山であっても、そんな朝夕二回の劇的な時間が毎日必ず訪れ、モノトーンの人外大魔境が毎夜毎夜必ず出現する。なのに、私たちのほとんどはそれを無視して暮らしている。日常とは違う世界を求めて山に登るハイカーも、ほとんどの人が昼の山ばかり歩いて、夜の一番ワクワクする時間は家に帰ったり山小屋やテントの中で眠ってしまう。いや、それはそれでいいのだがそれしかしないのはもったいなさすぎる。

まれに夜の山を歩いている人に出くわすが、車のヘッドライトかと思うほど明るいヘッデン（ヘッドライト）や懐中電灯で自分の前につくり出した、小さな昼間を歩いている。夜の山はせっかく暗いのに、わざわざ昼のように明るくして夜を台無しにして歩く……。

昼の山より夜の山のほうが楽しめることがたくさんある。夜の山でしか楽しめないものがたくさんある。一日の半分は夜だし、地球の半分はいつだって夜だ。夜を楽しまないと人生の半分を楽しめないし、世界の半分を楽しめない。月夜闇夜我らが宿り。夏山や雪山と同じように、夜山をひとつの真っ当な登山ジャンルとして楽しもう。

◉徹夜の山歩きで健全になる

歩く時間帯によってナイトハイクを四つに分類しておこう。日が沈まないうちから歩き始め、山上で日の入りを見届けて夜の帳が降りるのを体感し、宵のうちに山を下りる、トワイライトハイク。夜の始まりとともに歩き始めて宵の山を楽しみ、その夜の終電に間に合う時間に下山する、イブニングハイク。夜遅くに出発して深夜の山を満喫し、始発電車や始バスなどで朝早くに帰る、ミッドナイトハイク。夕暮れに歩き始めて翌朝に下山する、オールナイトハイク（あるいは、オーバーナイトハイク）。

一番おすすめなのは、最も夜らしい時間帯である深夜を、帰りの時間を気にせずにじっくり楽しむミッドナイトハイクだ。オールナイトハイクもいいが、歳とともにしんどくなってくる。とくに夜が長く寒い冬のオールナイトハイクは、私のように還暦を過ぎた人間にはおすすめしない。

いやいや、ミッドナイトハイクだって徹夜だからしんどいに決まっている、と思うかもしれない。だが、歩く距離はオールよりだいぶ短いので、スタート前に仮眠したり、ナイトハイク中にパワーナップ的な仮眠をとるなどすればそれほどでもない。

それどころか、たまの徹夜はむしろ健康にいいと確信している。ミッドナイトハイクのあとは疲れてよく眠るが、翌日からは実に体調がいい。私が案内するミッドナイトハイクのツアーの参加者からも「ツアーのあと、体調がいい」という声をしばしば聞く。これはいったいどういうことか。

毎日ほぼ同じ時間に起きて、ほぼ同じ時間に寝る規則正しい生活こそが健康にいい。それは間違いない。だがそれは短期的に見ての話だ。長期的には、ずーっと規則正しい単調な生活をしていると、少しずつストレスが溜まって徐々に心身の健康を損ねていくのではないか。だから、たまに徹夜をしてそのリズムを一回壊してやる。そうすると、知らないうちに溜まっていたストレスが一気に解消される。

昔の人は結構、一斉に徹夜をしていた。大晦日の夜は眠らずに正月を迎えたり（そうしないと早く老けるといわれた）、祭りの夜は徹夜して、朝まで盆踊りをしたり、寝ないで日の出を待つ日待《ひまち》という行事があったりもした。平安時代に伝わり江戸時代に盛んになった庚申待《こうしんまち》は、六十日に一回徹夜する行事で、そうすると寿命が縮まらない（つまり長生きする）と考えられた。まさしく、たまに徹夜すれば健康を保てるということになる。

徹夜が続けば健康を害するのはあたりまえだが、たまの徹夜は逆に健康にいい。昔の人は、それをわかっていたからこそそうしていたのではないか。徹夜の山歩きのあとの調子のよさを説明するには、そう考えるのが自然だと思う。

ただし、小学生以下の子をオールナイトハイクやミッドナイトハイクに連れていくのは、体力的に無理がある。私の闇歩きツアーには子どもが参加することもあるが、原則、トワイライトハイクからイブニングハイクまでだ。

一度、小学五年生がミッドナイトハイクに参加できるかという問い合わせがあり、悩んだ末に参加を認めたが、その子は楽しんでくれたようではあったものの、徹夜がいかにも辛そうでかわいそうだった。今後は小学生のミッドナイトハイク、オールナイトハイクの参加は認めないつもりだ。夜を徹して歩くオーバーナイトの強歩行事を伝統的に催している学校は少なくないが、それもやはり中学以上だ。私自身、ひとり娘を幼いころから闇に連れ出していたが、ミッドナイトハイクに連れ出したのは大学生になってからだ。

トワイライトハイクやイブニングハイクは、小学生以下にも大いにすすめたい。というか、ぜひとも体験させたい。小学校の教育に闇歩きを組み込むべきだと思う。図工や音楽の授業ももちろんいいが、それよりまず、闇歩きで感性を育てるべきだと真剣に思う。

◉夜に登ればいいことだらけ

ナイトハイクは違う意味でも体にいいと思う。人は明るいところでは、低感度だが色を識別できる錐体《すいたい》という視細胞を使って見る（明所視）。暗いところでは、高感度だが色がわからない桿体《かんたい》という視細胞を使って見る（暗所視）。だから闇夜の森はモノトーンの景色になる。なるべくライトに頼らないで歩くナイトハイクでは、都市生活ではあまり使われなくなった桿体を存分に使うので、目がほぐれたような気分になる。

また、視覚を極端に偏重する今の生活では、視覚以外の感覚は頑張って使う必要がないから、なまってしまっている。夜山では、暗くて視覚に頼り切ることができないので、ほかの感覚も頑張って目一杯働く。だから、まじめに使わなくなって凝り固まってしまった感覚を、じっくりほぐしてしっかりフル稼働させているような気分になる。なので、あらゆる感覚器官のコンディションがとても上がる感じがするのだ。それが実に心地いい。

ほかにも、夜に山に登ることの利点は数多い。

まず、どんなに人気の山でも、夏の富士山などのごく一部の例外を除けば、夜はガラッガラで、ほとんどの山は独り占め状態だ。深夜、眺めのいい山頂に立って見晴るかすと周囲は闇の森ばかりで、今そこに人がいる可能性は極めて低く、自分は今、何ヘクタールを独占しているのだろうと思う。そんな気分になれることは昼間の日本ではなかなかないが、夜山ならあたりまえなのだ（まかり間違ってこの本が売れて夜山人口が増えたら独占できなくなるかもしれないが、そうなったらそれはそれで喜ばしい。喜ばしい方向に社会が変わっていく）。

人はほとんどいないが、獣はたくさんいる。夜山は、昼にはなかなかお目にかかれないいろんな野生動物にもいくらでも会える。蝙蝠《こうもり》がずっとついてくることもある。送り狼ならぬ送り蝙蝠だ（途中で違う個体に入れ代わっているかもしれないが）。

姿を見ることも少なくないが、とくに鳴き声をよく聴く。ほぼ全国的にやたらシカが増えたからシカの声を聴くことが今は一番多いが、ほかにもさまざまな声が聞こえてくる。フクロウ類やトラツグミ、ヨタカ、ミゾゴイ、ホトトギスなどの鳥の声もよく聴くし、モリアオガエルをはじめとした蛙の声や秋の虫の音もいろいろ聞こえるし、夜の森は静かなりに結構にぎやかなのだ。

人間がいろんな声を出すように、同じ獣でもさまざまな声で鳴く。たとえばムササビは晩鳥《ばんどり》とも呼ばれたが、森で年中よく聴く「グルルルル」という低めの巻舌的な声は全然鳥っぽくない。だが、「キリリ、キリリ」と高い声をくり返すこともあって、その声は鳥っぽい。「グルルルル」はよく聴くがあまりくり返さず、「キリリ、キリリ」のほうは長い時間くり返す。夜に飛ぶだけでなくこの声があるから、晩鳥と呼ばれたのかもしれない。

フクロウも「ゴロスケホッホ」だけでなくいろんな鳴きかたをする。外来生物を含めたいろんな鳴き声をそうとう聴き慣れていないと、夜の森は謎の声だらけで、それもまた楽しい。

房総の鋸《のこぎり》山でミッドナイトハイクのツアーをしていたら、闇の森の中で突然、「ギャーォ」と不気味な声が響いた。ツアーの参加者に緊張が走ったが、キョンの鳴き声だと教えたら安堵していた。キョンは小型の鹿の外来種で、房総で大繁殖中だ。最近、茨城県でも目撃されており、今後、北関東の山でもその声が聞かれるようになるかもしれない。

◉最恐の生物は夜は活動しない

毎年、熊よりもスズメバチのほうが遥かに多くの人の命を奪う。その意味でスズメバチは最恐の生物だが、夜の山では一度も会ったことがない。

スズメバチだけでなく、昆虫は変温動物だから気温の下がる夜間はほとんど活動しない。初夏に大菩薩嶺《だいぼさつれい》オールナイトハイクのツアーをやる前に昼間に下見をしたら、ちょっと立ち止まっただけで蝿などの羽虫が体にまとわりついてきてうるさい。ほぼずっと虫パパラッチ状態で辟易した。

とくに、目に飛び込んできて睫毛《まつげ》に絡まるのがちょいちょいいて、睫毛を払っただけでは取れず、実に不快だった。マイナーなコースを平日の遅めの時間に歩いていて、大菩薩峠付近以外はほとんどハイカーに会わなかったので、私ひとりに虫が集中したというのもあるし、虫よけスプレーなどを使っていなかったというのもあるが、夜は虫よけ対策をしなくてもまったく虫に煩わされることがなく、快適そのものだった。

その一方で蝉などの羽化は天敵に襲われにくい夕暮れから宵だから、春から秋にかけてのトワイライトハイクやイブニングハイクで、妖精のように白い羽化したての蝉を見ることがある。また、カブトムシやクワガタは夜行性だからナイトハイク中に出会いやすい。そして、なんといっても夜は蛍火の時間だ。春から晩秋にかけてのナイトハイク中、水棲、陸棲のさまざまな蛍の成虫や幼虫の光に出会う。とくに梅雨から秋にかけての低山ミッドナイトハイクでは、蛍に会える夜よりも会えない夜のほうが珍しい。夜は会いたくない虫には会いにくく、会いたい虫には会いやすい。

昆虫の発光だけではない。夜はツキヨタケ、ヤコウタケなどの光るきのこが見られることもある。八丈島の三原山の森では、冬でもきのこの菌糸の発光を見た。光るきのこは実は一日中光っているのだが、日中はまったくわからない。夜の闇の中で初めてその妖しい光に気づく。

闇夜はモノクロの世界といっても、星や蛍や発光きのこや街の灯り、飛行機の灯りなど、光っているものはカラーで見える。だから、闇の中の小さな光はとても目立ち、とても美しい。

別に山が好きではない人でも夜の山に登ろうと思う最大の目的は、夜景だ。とくに都会近郊の山からの夜景は眼下に光の海が果てしなく広がるようで、万人がその魅力を認めるものすごさだ。

高いビルやタワーの上から眺めても夜景は美しい。だが、山上から眺める夜景は、黒々と闇を湛える山並みの向こうや、木々の黒いシルエット越しに光の海を見るので、闇と光のコントラストが強烈になる。闇が深ければ深いほど光は眩《まばゆ》く鮮やかで美しい。だから、都会のビルやタワーからの光の真っ只中の夜景より、山からの闇越しの夜景のほうが心を打つ。

◉流星を見るならナイトハイクが一番

ナイトハイクをすれば星がたくさん見られる。昼間のどんな雄大な絶景も星空のスケールの大きさと比べたらまったく話にならない。夜の闇が深ければ、二百万光年以上先の銀河系外までクリアに見通せるようになり、逆に昼間は地球と太陽と月と、あとせいぜい金星くらいしか見えない闇の世界なのだと実感する。地球から太陽までは〇・〇〇〇〇一五八一光年しかない。

ナイトハイク中は流星もあたりまえのように見られる。よくいわれるように、仰向けに寝ると空の広い範囲がいっぺんに見えるから、流星を見逃しにくい。流星群の極大のころに、流星を数えながら観測するにはそれがいい。でもふつうの夜は、そんな体勢でずっとじっとしていると飽きてくるし、ついつい眠ってしまう。

夜遅くから夜明けにかけて山を歩くミッドナイトハイクでは、飽きることも眠ってしまうこともなく、夜明けまでたっぷり流星を楽しめる。ふつうの夜でも、十五分に一回くらいは夜空のどこかで星が流れる。歩いているときは視野が限られるし森の中では全然見られないが、何時間も歩くのだから、晴れていれば必ずいくつも流星を見られる。

流星は珍しいものだと思っている人は意外に多いが、ミッドナイトハイクをしてみれば、いつでも見られる日常的な現象だということがよくわかる。ときには火球と呼ばれるド派手な流星も見られる。暗い山上で見る火球の輝きは凄まじく、音が聞こえることもある。

ミッドナイトハイクで流星をよく見るのは、山の夜空が暗いから暗い流星も見えるというのもあるが、それだけではない。流星は宵のうちより真夜中から明け方にかけてよく見られるからだ。

流星とは、彗星や小惑星が残した塵が、秒速数十キロの猛スピードで地球の大気に飛び込んで発光する現象だ。地球は自転しながら太陽の周りを公転しているが、日暮れ側でなく夜明け側に向かって公転し、そして日が沈むと夜明けに向かって自転する。つまり地球上の私たちは、夜明け側を前にして宇宙空間を進み、夜が更けるとその速度を上げていく。走っているとき、顔や胸など体の前面のほうが障害物にぶつかりやすく、背中にはぶつかりにくいのと同じで、明け方の空のほうが宵の空より宇宙空間を漂う塵にぶつかりやすい。しかも明け方のほうが速く強くぶつかる。だから明け方に明るい流星がよく見られるのだ。

ところで、二〇〇一年のしし座流星群はまれに見る流星雨になった。私はその夜、奥多摩の棒《ぼう》ノ折《おれ》山に登り、山頂で寝袋にくるまってずっと流星のどしゃ降りを浴びていた。でも、どうもしっくりこない。そこで寝袋を抜けて立ち上がってみたら、ししの大鎌のところにある輻射点がちょうど南中に近づいて高くなったため、上から下へどんどん星が流れて、まさに光の雨に見える。寝ながら見ると雨のように降るというより鳥のように飛ぶという感じだったが、立って見たらちゃんと雨になったのだ。

そんなわけで、流星は歩きながら見る。流星群は寝ながら観測する。流星雨は輻射点が高ければ立って浴びる。これが正解だ。

◉人造月か人工流星か

夜空を流れるものといえば、人工衛星を見るのもナイトハイクの楽しみのひとつだ。肉眼で見られる人工衛星は数百個もあるという。都市にいると、並外れて明るく光るISS（国際宇宙ステーション）以外はほとんど目に留まらないが、ナイトハイク中の宵や明け方には、暗く遠い人工衛星の往来によく気づく。地球の周りは今、とても小さな人造月だらけなのだなと実感する。

人工衛星の光（反射光）が夜空を渡るさまは、非常に緩慢な流れ星という感じもして、その意味では人工流星だ。見つけてから消えるまでたっぷり時間があるから、落ち着いて長々と願い事を唱えることができて、欲張りさんも大助かりだ。

流星群と同様に皆既月食も、ナイトハイクしながら見るのが一番いい。月食は日食と違って時間がとても長く、欠け始めからもとにもどるまで、長いときは三時間半以上かかる。天文マニアでなければ付き合いきれない。だが、ナイトハイクをしながらなら、三時間半なんてどうということはない。

中秋の名月やスーパームーンもほんとうは夜通し愛でたいのだが、じっと見ているだけではどうしてももたない。でも、ナイトハイクなら楽勝だ。

ナイトハイクをしながら月食や名月を楽しむのは、飽きずに最後まで付き合うためだけではない。

なにより本来の月食や名月の夜を楽しむためだ。月は夜の天体の中で飛び抜けて明るいから、都会でも月食や名月はかんたんに見られる。だが、電気の光にほとんど邪魔されない、ほんとうに暗いところで体験する月食や名月はまったく違う。

皆既月食はまるで夜の中の地味な皆既日食という感じで、月が欠けるほどあたりは暗くなり自分の影が薄くなって、皆既になると影は消え満月なのに満天の星となり、皆既が終わるとだんだん月夜の明るさを取りもどしていく。名月の夜は、月光に照らされた景色は銀色に輝き青く染まって、街のフルカラーの夜と全然違うのはもちろんのこと、闇夜のモノトーンともまったく違う幻想的な世界になる。ただ月を見るのではなく、月が照らす世界全体を愛でることこそが月見なのだと実感する。

◉夜山は不思議なものにあふれている

夜山ではまた、どうにも説明のつかない不思議なことを体験できる。いわゆる心霊現象や超常現象のようなことがちょくちょく起こる。暗がりに白い人を見たり、怪しい閃光を見たり、深夜の山で奇妙な人に会って言葉を交わしたが、気づくとその人が消えていたり……。

それらが心霊現象や超常現象だとは思わないが、いくら経験を重ね、知識を蓄えても、いまだになんなのかわからないものをしょっちゅう見たり聞いたり感じたりする。そのわからなさが楽しい。

昼の山ではなかなか、わからないことに出会えない。

昔の人は、今とは比較にならないほど暗い夜を毎日体験していた。圧倒的な闇の中で、たくさんの妖怪や幽霊と出会ってきた。そんな夜は日常生活からは消え失せたが、ちょっと電車に揺られて森に入れば、昔とほとんど同じ闇夜がそこにある。

かつて妖怪が誕生した現場と同じような暗さ。だから、昔の人が妖怪のしわざと思ったようなこともふつうに体験できて、それは今では説明がつくのだが、説明がついてもなお妖しかったり怪しかったりする。とくに多いのは声や音の怪異で、山の洞窟で人の声に追いかけられたり、シカが歩きながらしゃべったり、真っ暗闇の峡谷で童歌が聞こえてきたり、地響きのような謎の低音がくり返し聞こえたり、天狗笑い、天狗囃子や天狗倒しみたいなものを聞いたり……。

数人から数十人を案内するナイトハイクのツアーをよくやるが、大勢で歩いてもやっぱり結構、不思議なことが起こる。

ある晩夏の闇夜に中央線沿線の人気の山、高川山に登るツアーをしたときのこと。山梨県大月市と都留《つる》市にまたがる山で、かつて、旧暦二十三日の夜更けに昇る月を大勢で待つ二十三夜待《にじゅうさんやまち》が、この山で行われていたという。JR中央本線初狩《はつかり》駅に二十二時に集合して、まずは甲州街道の暗い宿場町に寄り、二十三夜塔を拝んだ。二十三夜塔の後ろには河童が身を隠していた。新しめの石像だが、なぜこんな見つけにくいところに祀《まつ》ったのか謎だ。

町の外れに墓地があり、その脇を抜けて森に入る。以前、春の月夜にミッドナイトハイクをしたときには、この墓地にたくさんの怪しい光があって驚いた。古い墓地だが、よく見るとピカピカの新しい墓石が多くて、あちこちの墓石の角に月光が反射しているのだとわかったが、まるで人魂が集っているような光景だった。今回は月夜でなく闇夜だが、墓地の向かいの藪になんだかわからない光があって、人工の光ではあったが、新手のかぐや姫かと思った。

という話はさておき。熊出没注意の標示板を横目に闇の林道を進み、登山口から少し登ったところで休憩したら、だれかの寝息が聞こえてきた。まだツアー序盤でみんな緊張気味なのに、こんな息遣いを聞くのはおかしい。不思議に思って「寝息が聞こえるんだけど」と闇の中で言ったが、だれからも反応がない。

騒ぐほどのことでもないので、寝息の謎は闇に放置して、森の中をまた登り始めた。案内人の私は無論、先頭を行く。参加者はそれぞれのペースで後を追う。ミッドナイトハイクのツアーによく参加してくれる健脚女性のYさんが、私の後ろに続くことが多い。この夜もYさんがすぐ後ろを歩いていたが、気づくと彼女の気配がない。どうしたのかなと思ったら、すぐまた背後に気配が復活した。一瞬、遅れただけで、もう追いついたようだ。よくあることだ。

さらに少し山道を登ると、道がわかりにくいところがあったので、そこで立ち止まって道の先の闇を窺いながら、Yさんとともに後続を待った。すると、ずいぶん下のほうからYさんの慌てた声が聞こえてきた。でもまあ、緊迫感のある騒ぎかたではないので問題ないだろう……。ん？　Yさんがずいぶん下にいるということは、じゃあ、私の二メートルくらい後ろにいるのはだれだ？　女性の荒い息遣いが聞こえるが、考えてみれば、健脚のYさんならこれしきの登りで息は切れない。でも、Yさんでないならだれだ。Qさんだろうか。そうか、Qさんがいつの間にかペースを上げて、私のすぐ後ろにいたのか。

そう納得して振り返ったら、私から数十メートル離れたところでライトが光っている。Yさんはそのあたりにいるようだ。そして私のすぐ後ろには……だれもいない！　どういうことだ？　振り返る瞬間、道の右手の谷のほうへ、スッと気配が消えていった気がした。気のせいかもしれないが、なんにせよ、私のすぐ後ろに間違いなくいるはずのだれかが、いなかった……。

こういう体験をしたときはいつもそうだが、そのときは闇の中でただただ「不思議なこともあるもんだな」と思う。闇歩きが終わって光の中で思い返してみたときに、じわじわと怖くなってくる。

ようやくYさんが追いついた。ほかの人たちも追いついた。Qさんもいる。みんなちゃんといる。Yさんはやはり、私のすぐ後ろを歩いていたが、急に目眩がして、前を歩いていた私がどんどん離れていってしまって、怖くて騒いでいたのだという。「だれかの気配がすぐ後ろにあったから、Yさんが離れていないと思ってたんだけど」と言うと、「そういえばさっき寝息が聞こえるって言ってましたよね？」とだれかが関連づけた。闇で寝ていたなにかが目を覚まして私についてきた？

できたてほやほやの怪談実話に一同騒然となった。

ツアー中は、暗くて何人いるかわかりにくいので、ときどき声で人数確認をする。先頭の私が「一」と言うのに続けて、ひとりひとり順に番号を言ってもらう。この「見えない飛び入り」騒動の少しあとに人数確認をしたら、私の「一」のあとにメッチャ食い気味にYさんが「二!」と叫んだ。私とYさんの間に見えないもうひとりがまだいるかもしれず、「だとしても二を言わせないぞ」という強い意志がYさんにみなぎっていたのだった。

◉わからないのが楽しい

これはツアーの序盤のできごとだったが、終盤のほうが奇妙なことが起こりやすい。暗いうえに疲れて眠くなってくると、脳がいろいろやらかし始めるのだ。

ある年の暮れに、丹沢の塔《とう》ノ岳《だけ》や鍋割《なべわり》山を巡るオールナイトハイクのツアーをしたときのこと。冬の闇を一晩中歩き、なかなかハードだったが、無事下山して始バスを待つ間にツアーの感想を参加者に聞いたら、ある女性が、終盤の西山林道で道端に白い人が立っているのを何度か見たという。おもしろいことに、いるはずのない人が見えるときは、たいてい白い。考えてみれば、白い人でなければ、いたとしても闇に紛れて見落としてしまう。せっかく出たのに見落とされては困るから、幽霊も学習して白い姿で出るようになったのかもしれない。

男性のKさんも、同じ林道で不思議な体験をしたという。Kさんはつねに前から五番目を歩いていたが、なぜかカーブを曲がるたびに自分が六番目になるという。振り向くと後ろの人数は変わっていない。つまり、カーブを曲がると参加者がひとり増え、その後もとの人数になり、またカーブを曲がるとひとり増えるというのだ。

Kさんはかなりの強者で、八王子市の金剛の滝や今熊山を巡るミッドナイトハイクでは、「今日は山道の脇に白い人がよく立ってましたよね」とサラッと同意を求めてきた（今熊山は「呼ばわり山」とも呼ばれ、神隠しに遭った人の名を頂上で呼ぶと見つかるという）。加門七海さんと一緒にやっている怪談闇歩きツアーで、狼信仰で知られる秩父の釜伏山《かまふせ》へミッドナイトハイクをしたときは、狼の石像にたくさん会ったが、後日、Kさんは「家に帰って服を脱いだら体中、獣に引っ掻かれたような傷だらけだったんですよ」と、やっぱりサラッと話していた……。

山中で怪しい光を見ることも多い。ド深夜の霧雨の御岳山《みたけ》でのこと。長尾平へ下る途中の木陰で闇弁していたら、東北東の低空に星の光が見えてきた。今までまったく星が見えなかったが晴れてきたか。

と思ったが、光が動いている。星をジーッと凝視し続けると星が動いているように錯覚する。最初はそれかなと考えたが、全然違う。いくつかの光がそれぞれのタイミングで真下にゆっくり落ちていく。落ちていって三分後くらいにはすべての光が見えなくなった。

星と見紛う光だったが、星にしては地平線に近いのに減光せず、やや明るすぎる。流れ星でも人工衛星でも飛行機でもない。懐中電灯の光でもない。向こうの山になにかあるのかとも思った。だとすると向こうの山は標高一〇〇〇メートルくらいになるが、そんな高い山はその方角にはない。軍事施設もないはずだ。いったいなんなのかさっぱりわからない。そのわからなさが楽しい。

◉夜の植物はたしかに動物になる

ここ数年で一番ゾクゾクしたのは、藤原定家が『小倉百人一首』を選んだ場所とされる小倉山と嵯峨野の夜をひとり歩いたときだ。小倉山の森にいる間は、シカなどの獣の気配が多くて、それに、冬で木々が葉を落としてひっそりしていて、植物の気配は感じにくかった。だが、山から下りて町のすぐそばまで来たところで、竹林の強い気配に慄《おのの》いた。モウソウチクの太い茎同士が当たるカランとかコンっという音や、風がザワザワと葉を揺らす音が、あちこちから降ってくる。無数の竹たちに見下ろされている……。

モウソウチクは高さ二十メートル以上になる。スゴい高さから恐い音が降ってくる。怪獣と同じような高さからだ。竹は、たくさんの地上茎が地下茎でひとつにつながった生き物だから、キングギドラや九頭龍《くずりゅう》どころではない、夥《おびただ》しい数の頭を持った怪獣みたいなものだ。

ナイトハイクをしていつも感じるのは、夜は植物が動物や怪獣っぽくなるということだ。闇の中では草木の息遣いのようなものが感じられて、今にも動き出しそうな気がしてくる。植物が「そこにある」のではなく「そこにいる」感じになる。

そんな植物たちの気配に囲まれているとゾクゾクする。子どものころはそのゾクゾクが怖くてたまらなかった。遊びに夢中になっているうちに日が暮れると、木々に追い立てられるように家路を急いだものだ。

ナイトハイクに目覚めてからは、そのゾクゾクが逆に大好きになった。昼間よりも植物と自分が近くなるというか、昼の光の中では風景でしかなかった木々と、夜の闇の中ではなにか交感している気がしてきて、それが気のせいであれなんであれ、嬉しい。

植物が動物っぽく感じられるのは、闇の中では想像力が豊かになるからだろうが、それだけではない気がする。植物は昼は盛んに光合成して酸素を出すが、夜は光合成をやめ、呼吸によって二酸化炭素を出すだけになる。つまり夜の植物は私たち動物と同様に、酸素を吸って二酸化炭素を吐く生き物になる。

そして植物は昼よりも夜に成長する。成長するとはつまり、動くということだ。微速度撮影の映像を見ればそれを実感できる。夜の植物は昼よりも動く物なのだ。それもあって、動物や怪獣っぽく感じられるのではないかと思っている。

気づいたら、竹林の小径の前に立っていた。嵯峨野の紹介で必ず出てくる超観光名所だが、夜はだれもいない。冬も葉を落とさない竹が道の上を覆っているので、星明かりすらほとんど遮られ、町のすぐそばなのにほぼ真っ暗だ。小倉山の中より暗い。道の先にも灯りは見えず、足もともなにも見えないし、右も左も上も下も、竹の気配がスゴすぎる。この先には『源氏物語』第十帖「賢木《さかき》」の舞台、野宮《ののみや》神社がある。なんだか、この竹林の闇を抜けるとそこは平安時代で、榊を手にした光源氏がボーっと光っているんじゃないかと思えてきた……。

思えてきただけで、闇を抜けてもまったくなにごともなく令和だったが、竹林の闇に食べられてしまいそうなあのゾクゾクは、死ぬまで忘れないだろう。

◉夜山のさらなる楽しみ

ナイトハイク中には、昼にはできない闇遊びや月遊びがいろいろできる。

たとえば、山上で夜霧に包まれることはよくあるが、そんなときは闇の中にブロッケンの妖怪をかんたんに召喚できる。これを「電気ブロッケン」と呼ぼう。

日の出後や日の入り前の山上で、霧や雲海の中に妖怪の影を見ることがある。妖怪はよく虹色の光輪を背負っていて、妖怪に手を振ると、向こうもこちらに手を振る。ドイツのブロッケン山でよく出会うので、ブロッケンの妖怪とかブロッケン現象と呼ぶが、日本の山にも現れる。日本では妖怪ではなく、極楽から迎えに来た阿弥陀如来の姿だと考えられて、御来迎と呼ばれた。

妖怪や阿弥陀さまに見えるのは、実は自分の影だ。霧や雲がスクリーンになって、日の光を受けた自分の影が映っているのだ。虹色の光輪が見えるしくみは複雑だが、自分の影が現れるには、とにかく太陽が直接自分を照らしていて、それと正反対の方向に天然スクリーンがある必要がある。つまり、太陽と反対のほうにだけ霧が立ったり、太陽の位置が低いときに山頂で雲海が見えたりすればいい。平地の川霧にも現れるし、飛行機の窓から雲海に見ることもできる（この場合、自分が乗っている飛行機の影が見える）。

昼間だけでなく月夜に現れることもある。金星の光でも自分の影を見られるから、とても暗ければ、金星を背にしたときも地味なブロッケンの妖怪が見られるかもしれない。

さて本題だ。実は夜霧の中では、連れがいればブロッケンの妖怪をかんたんに手づくりできる。連れに明るい懐中電灯で自分を後ろからあおり気味に照らしてもらおう。すると、目の前の霧に自分の大きな影が映り、白銀の光輪もはっきり見える。光輪をよく見ると外側が赤で内側が青なのがわかる。まさしくブロッケンの妖怪だ！　懐中電灯を上から下へ動かしていくと影が成長してチョコベーだ。斜面を利用してかなり下からあおるとスゴい。怪獣のように超巨大な影になる。

照らされている本人が見ると、影が一番はっきりと濃く、スゴい。照らしている人や近くの人にも影は見えるが全然違う。なので、照らす人と照らされる人は交代して楽しもう。ソロの場合は、下ろしたリュックの上などに懐中電灯をうまくセットしてやってみよう。

百均で売られている光るブレスレットを二本連結すると大きな輪になって、光るネックレスになる。これをフリスビーのようにスナップをきかせて投げると、ブレスレットの連結部が外れることなく、結構きれいに飛ぶ。

闇の中の小広いところでこれを投げてキャッチして遊ぶと、最初は勘がつかめず両手でキャッチするのが精一杯だ。周りが見えないと、急に来る気がして難しい……と、思っているうちにすぐに慣れて、ふつうに片手キャッチができるようになり、楽しい。この遊びをキャッチボールならぬキャッチライト、あるいはヤミスビーと呼んでいる。

相手がよく見えず、ほんとうに人間とやっているのかわからない中でやるのがおもしろい。全力で高く投げて、光の輪が星空を舞うと美しい。ちゃんと暗い場所では光る輪以外なにも見えないので、キャッチする側が声を出して自分の場所を教える。

光るブレスレットは開封して未使用のまま古くなると、いざ使ってみたとき光が弱かったり光らなかったりする。でも、光が弱いうえに二本のうち一本が光らないくらいのほうが闇遊びにはちょうどいい。遊び終えたらその弱く光る輪をそのままリュックに入れておくと、リュックを開けたとき、暗い光がほどよいリュック内照明になって便利だ。最初から照明のためにリュックに仕込んでおくのもありかもしれない。

◉月遊びと星座づくり

月夜にはたとえば、霧吹きで月虹を出現させたり(携帯月虹)、息を吹きかけて曇らせたメガネで目の前に月光冠をつくったり(自家光冠)、オリーブオイルを垂らした飲み物に月をたくさん浮かべて飲んだり(ミニ田毎《たごと》)等々、さまざまな月遊びも楽しみたい。小さな鏡で月の光を反射させて連れの顔に月光を当てると、連れが地味にまぶしがる。月夜のやさしい嫌がらせだ。

まだまだほかにもいろんな月遊びができる。月光は日光と同じだから、日光にできることは結構、月光にもできる。しかも日光でやるよりずっと幻想的だ。

春の月夜に静岡県藤枝市の蓮華寺池公園から清水山《きよみず》ハイキングコースにかけて、月遊びのツアーをやったときのこと。参加者にいろんな月遊びを教えて楽しんでもらっていたら、たぶん若いカップル(暗いのでよくわからない)が勝手に影踏み遊びを始めた。素晴らしい。昔の子どものいわゆる影踏み、影踏み鬼は、月夜に数人で「影や道陸神《どうろくじん》、十三夜の牡丹餅、さあ踏んでみいしゃいな」などと囃《はや》しながら月の光でできる影を踏み合う遊びだった。月夜は遊ぶためにあるのだ。月の光は遊ぶためにあるのだ。

よく晴れた闇夜には自分なりの星座を考えてみるのも楽しい。

たとえば、カシオペヤ座のW形の五つの星の連なりを、日本では錨《いかり》星や山形星、蝶子《ちょうこ》星、角違《かどちが》い星、弓星、五曜の星など、地方によってさまざまな名で呼んでいた。たいていの人はその五つの星をひとまとまりに見るが、宮沢賢治は三つの星だけ切り取って三角形の「三目星」と考えたようだ。その発想は私にはなかったのでちょっと驚いた。

そもそも、あのあたりの暗い星も適当につなぎ合わせて、椅子に座った王妃カシオペイアに見立てるということ自体、発想が自由すぎる。それが許されるのならもう、なんでもありだろう。自分なりにどんどん夜空を切り取って名づけてしまおう。都会の夜空では見える星が少なすぎてそんな自由な遊びは難しいが、たくさんの星が見える山上ではやりたい放題だ。

◉安全のために夜登る

デイハイクばかりしていたころは、欲張ってピークハントしまくるうちに日が傾いてくると焦った。まずい、日が暮れてしまう。早く山を下りなくてはと。

だが、ナイトハイクばかりするようになってから、たまにデイハイクをすると、全然違った。日が傾いてくると「そうですか」と思うだけで全然焦らない。「なんなら沈んじゃってください」と思う。

早く下山しなくてはと焦ると、冷静な判断ができなくなる恐れがある。その意味では、ナイトハイクに慣れておくと、道に迷ったり、アクシデントがあって予定より大幅に時間がかかってしまっても、最後まで心にゆとりをもってデイハイクができる。ナイトハイクはデイハイクをより楽しく、より安全にするためにも役立つのだ。

東日本大震災の四年後に、宮城県石巻市の牧山《まぎやま》を夜歩くツアーをやったことがある。その夜は皆既月食で、歩きながら月食を眺めて月食遊びを楽しむのがテーマだったが、実は、夜に大津波警報が出た場合の避難イメージを持つという裏テーマがあった。一日の半分は夜だ。津波が夜に来る確率は五十パーセントある。

参加者には裏テーマは伝えなかったが、街の傍に山があり、そこにはすぐ登っていける道があって、いざとなれば夜でもライトがなくても登れることを実感してもらえたと思う。鎌倉、房総などの海に近い山のツアーも、同じ裏テーマでやっている。

ライトになるべく頼らないで歩くナイトハイクはまた、夜に停電しても慌てない心をつくる。夜通し歩くことに慣れれば、帰宅難民の徒歩帰宅のハードルを下げる。そういうことを避難訓練や防災訓練の名のもとにやるのではなく、あくまでナイトハイクとして楽しくやればくり返しやるし、避難や防災の能力が自然に身につく。ナイトハイクは結果として、災害から身を守る力を育てるものでもある。

第二章

ナイトハイクの十二ヶ月

一月

◉初日の出を拝むミッドナイトハイク

見晴らしのいい場所へ出かけて初日の出を拝む風習は、江戸時代中ごろに始まったという。菊池貴一郎（芦乃葉散人）著『江戸府内絵本風俗往来』によれば、江戸の人々は高輪、芝浦、愛宕山等々、海を見晴らせる場所に集まって初日の出を拝んだらしい。明治時代には全国に広まり、令和の今も多くの人が初日の出を拝みに出かける。里から近い山に登ると、頂上付近の東南の方角だけ、きれいに木が伐採されていたりするが、これは初日の出を拝むために、その方角だけ見晴らせるようにしているのだろう（初日の出の方位角は場所によって違うが、日本ではおおむね百二十度）。

ふつうは夜が明け始めてから出発し、日の出をあまり待たずに拝む。だが、断然おすすめなのは、深夜の森を長時間歩いてたっぷり闇を浴びて、心と体が完全に闇になじんでから山上で初日を迎えるミッドナイトハイクだ。昔は町中でも夜が暗かったから、完全に闇に慣れた状態で初日の出を拝んでいたわけだが、今、それと同じような状態で初日を迎えるには山へ行くのがいい。

そうして見るご来光はより神々しく爆発的で、あっという間に世界がすべて生まれ変わるように感じられて、信心などなくても思わず初日影に手を合わせて頭《こうべ》を垂れてしまったりする。信仰というものが始まる瞬間を体験する気分だ。

毎年、国立天文台のウェブサイトに日本各地の初日の出の時刻と方位の情報が掲載されるが、その前に同サイトの暦計算室のページで、自分が行く場所を指定して日の出時刻と方位を調べておこう。年によっては、初日の出の前に初月の出を拝める。そんな風習はまったくないが、せっかくなので初日の出とセットで楽しもう。

◉正月闇としぶんぎ座流星群ミッドナイトハイク

年明け早々の一月四日ごろに、三大流星群のひとつ、しぶんぎ座流星群が極大を迎える。一般にはあまり注目されないが、一時間に二十個から五十個くらい流れる華やかな流星群だ。これに合わせて、一月三日の夜遅くから四日朝にかけてミッドナイトハイクをすると、うまくいけば星がしょっちゅう降る中を歩くことができる。

とはいえ、実際、しぶんぎ座流星群に合わせてミッドナイトハイクをしてみると、肩透かしを食うことが少なくない。この流星群は年によって出現数が大きく変動する。「しぶんぎ座流星群」というより「きぶん屋の流星群」という感じで、しかも、活動が活発な時間が短いので、極大が昼間だと夜には大して流れてくれない。この流星群があまり注目されないのはそのせいだろう。

それでも、正月三日の夜にミッドナイトハイクをするのはとってもおすすめだ。正月休みのころは人間社会の活動が静まって人工の光がグッと減り、夜空がふだんよりはっきりと暗い。本来、一年で夜が最も暗いのは五月闇《さつきやみ》と呼ばれる旧暦五月の闇夜だが、現代の都市近郊では、夜空が最も暗くなるのは正月なのだ。なので私はこのころの夜の暗さを「正月闇」と呼んで愛でている。

夜空が暗く、空気が澄んでいるので、ふだんはそれほど星が見えない都会近郊の山でも、びっくりするほどの満天の星を浴びながらの山歩きに大満足する。

◉夜富士見ごろ

山に登る楽しみのひとつは、山上から遠くの山々を見晴るかすことで、ナイトハイクでも、天気がよければ夜明けや日暮れには陶然とするような遠景色を心ゆくまで楽しめる。夜中は暗くて遠くの山がほとんど見えないので、遠くの山でなく遠くの星へ視線が移るが、積雪期の富士山は特別だ。白い雪は星明かりや街明かりをよく反射するので、雪化粧した富士山は夜中でも闇に浮かび上がる。とくに、空気が澄み（空気中の水蒸気量が少なく）、満月が空高く上がり、富士山が充分に雪化粧をした一月ごろが、夜富士を遠くの山から拝する最適期だ。

地図などで富士山の方角を頭に入れてから、そのほうを目でじっくりスキャンしてみよう。ぼんやりと亡霊のように白い富士山が見えてくる。見えるような気もするけどわからないと思ったら、スマホなりデジカメなりでいったん撮影して写真を拡大してみる。そうすると結構富士山が写っている。一回、写真で確認してイメージを頭に入れたあともう一度眺めてみると、今度はしっかり見えてくる。どんどん見えてくる。

◉ムーンライトハイク最適期

冬の太陽の南中高度は低く、夏は高い。逆に満月は夏の南中高度が低く、冬が高い。それゆえ、冬の満月の夜は最も月光が強く、街明かりにあまり邪魔されないところへ行って、南中のころに自分の影を見ると、まるで夏の真昼間のように影が濃くて短い。雪が積もっていれば照り返しでさらに明るく、ほんとうに奇妙な昼間のように明るく感じる。柳田國男の『遠野物語』によれば、雪女は冬の満月の夜に現れるので、雪女に会いたい人にもおすすめだ。

二月

◉フクロウの聴きごろ始まる

フクロウ（ウラルフクロウ）は留鳥なので、一年中、その鳴き声を聴けるが、子づくりの準備を始める一、二月ごろから梅雨にかけて、「ホッホ、ゴロスケホッホ」というおなじみの鳴き声（さえずり）をよく聴くようになる。とくにほかの鳥の声がほとんどない二月ごろの夜は、遥か数キロ先から闇に染み渡るフクロウの声を愛でるにはいい季節だ。

おなじみの「ゴロスケホッホ」のほかにもさまざまな声で鳴く。南国のサルを暗くしたような声で「ウホホホホホホ」と盛んに鳴いたりもして、夜の森で聴く謎の声は、結構な割合でフクロウの声だったりする。

◉雪明かりのスノーナイトハイクと寒花火

落葉樹の葉が落ちていて、低山でもかなり積雪がある二、三月は、闇夜の森の中ですら、ライトにあまり頼らずとも雪明かりを頼りにナイトハイクができる。

星明かりの照り返しもバカにならない。夜がやわらかくライトアップされる。雪明かりは天然のフットライトだ。天が仄《ほの》明るいより、地が仄明るいほうがずっと安心できる。雪の積もった夜の山を歩くたびにそう思う。月明かりが加わる雪月夜はさらに安心というか、ちょっと安心がすぎるくらいだ。

もうひとつ、照り返しで驚くのは雪上の寒《かん》花火だ。雪花火と呼ぼう。夏に買った花火を使い切らずに、線香花火を少し残しておいて冬に楽しむ。スノーナイトハイク中、森の中など風のないところを選び、しゃがみこんで線香花火に火を点けよう。少し雪を掘るのもいい。なにしろあたりは雪

＝水ばかりだから、防火上の問題はまったくない。暖かい光が照り返してその明るさに驚く。そして、夏にはあまり意識しなかった花火の暖かさと黒色火薬のにおいをしみじみ楽しめる。

連れが何人かいても点けるのは一本だけがいい。そのほうが線香花火の光と音と温度とにおいの起承転結を丁寧に味わえる。たった一本の雪花火を静かに楽しんだら、燃えかすを残さず持ち帰る。

この季節にしっかりした暗闇を求めてナイトハイクをしたいなら、雪山はまったく適さない。闇を求めるなら、積雪がなく常緑樹の繁る南の低い山がいい。

◉闇夜に月の出を待つ二十六夜待

かつての日本では、東側の眺めがいいところに大勢で集まって十五夜、十七夜、十九夜、二十三夜等々、特定の月齢の月の出を待つ「月待《つきまち》」という行事が盛んだった。全国的に最もポピュラーだったのは、旧暦二十三日の夜遅くに昇る約半月（下弦の月）を待つ二十三夜待（三夜待）で、それを記念する二十三夜塔を今もあちこちで見かけるが、江戸ではさらにとことん夜更かしする二十《にじゅう》六夜待《ろくやまち》（六夜待）が流行した。

山梨県都留《つる》市には標高一二九七メートルの二十六夜山（道志二十六夜山）があり、同県上野原市にも標高九七二メートルの二十六夜山（秋山二十六夜山）が、静岡県南伊豆町にも標高三一〇メートルの二十六夜山がある。いずれも山上が二十六夜待の場所になっていたからその名があるのだろう。道志二十六夜山と秋山二十六夜山にはその証である二十六夜塔が遺っている。深夜の闇の山で、もうひとつのご来光、月の出をみんなで待ったのだ。

月待は毎月行われる場合もあったが、ふつうは特定の月に行われた。二十六夜待は旧暦七月二十六日の夜が最も盛んだったが、正月二十六日の夜も行われた。その夜に合わせてムーンライズハイクをしよう。深夜の秘めやかなご来光、舟形の赤い大きなお月さまにきっと感動するだろう。単に月が昇っただけなのに、なにか珍しい天文現象を目撃したかのように盛り上がる。ソロ月待もいいが、昔の月待のように大勢で行きたい。

三月

◉夜梅で春を嗅ぐ

夜は視覚にあまり頼れないぶん、ほかの感覚が敏感になる。だから夜は、花を鼻で愛でる。夜の山を歩いていると、急に花のにおいを感じることがある。においのもとを探すと、ずいぶん離れたところに咲いていたりするし、いくら探してもにおいのもとが見つけられなかったりもして、そのどちらも楽しい。季節によっていろんな花のにおいを楽しめるが、春先、まずは梅の花のにおいで幸せになる。桜よりもずっと強い梅の香を、夜に嗅ぎにいこう。

梅は奈良時代までに中国から日本に渡来し、庭木や果樹として広まった。だから深い山で見かけることはないが、あちこちの山裾や山腹に梅林が広がっているので、ナイトハイクの序盤か終盤に夜桜見物ならぬ夜梅感物を組み込むと、豊かな闇歩きになる。

東京ならたとえば裏高尾の高尾梅郷。高尾山北麓の旧甲州街道沿いに梅園が続いている。高尾山から城山、景信《かげのぶ》山へとミッドナイトハイクし、小仏バス停へ下って存分に梅シャワーを浴びるのが、高尾ナイトハイクの春先のおすすめコースだ（逆コースでもいい）。高尾山のみにしたいなら、四号路からいろはの森コースを下る。

三月初めにＪＲ東海道本線湯河原駅から梅満開の湯河原梅林を登って、幕山、南郷山をミッドナイトハイクしたときのこと。梅に加えて菜の花が満開のところもあり、そこでは梅と菜の花のにおいがミックスされつつも菜の花が勝り、それはそれで乙だったが、少し登って菜の花独特のにおいの呪縛から解かれると、梅の香に完全に包囲された。

だが、たくさんの梅に囲まれて、闇が完全に梅の香に満たされてもキツいにおいにはならない。全然押しつけがましいにおいにならない。上品なままというか、逆にさらに上品になるような気もして、においがきめ細かくなるというか、見えない梅の絹に包まれているように感じる。ここで一晩寝て死んでみたいと思った。いつも思うのだが、梅の香りは花に近づいても強くなる感じはなく、むしろ少し離れたほうが匂う気がするのがおもしろい。梅の花は見た目は桜などより地味だし、香りにも百合のような派手さはないが、その丁寧な地味さが素晴らしい。南郷山からの下りの終盤はみかん畑地帯で、仄かな柑橘系のにおいに包まれた。

この季節、街では梅よりも沈丁花の香りが力強い。深夜は人間の活動が静まって、昼間に人間の活動が生み出していたいろんな騒音ならぬ騒臭が消えて、街中でも花の香りに敏感になるから、ずいぶん離れたところからの沈丁花の香りをいち早く感知するのも楽しい。

◉蛙合戦聴きごろ

その年、初めて蛙の声を聴くことを初蛙《はつかわず》という。春先にまず、アカガエルやヒキガエルが平地や山の水田や池にたくさん集まって、短期集中で大いに励む。いわゆる蛙合戦（蛙軍《かわずいくさ》）だ。もっと暖かくなってから大きな声（広告音）で鳴いて遠くのメスを呼び自分の縄張りを主張するほかの蛙たちと違って、彼らの声は小さくて秘めやかだ。彼らは短期集中で一ヶ所にオスもメスもゴチャッと集まるので、「オレはここにいるぞー！」と大声でアピールする必要がない。ただ、オスもメスもゴチャッと集まってなにがなんだかわからなくなるので、すぐそこにいる相手に対して「あ、オレはオスだから」というアピールのために小声で鳴く。ひとつひとつの声は小さいがひとところに大勢いるので、密かににぎやかだ。

とくに、東京あたりでは三月ごろに集まるアズマヒキガエルの鳴き声（解除音、リリースコール）がたまらない。少しグロテスクな外見からは想像もつかない、か細く美しい声で、密林の鳥の鳴き声、あるいは哀しいサルの声のようにも聞こえ、闇に染み入る。いつまでも聴いていられる。

◉日想観トワイライトハイク

日想観《にっそうかん》とは浄土教の言葉で、西に沈みゆく太陽を目と心で見届けて、西方十万億土の彼方にある極楽浄土を観想すること。大阪の四天王寺には、太陽が真東から昇り真西に沈むお彼岸の春分の日（三月二十〜二十一日ごろ）と秋分の日（九月二十三日ごろ）に、西門から真西に向いた石鳥居の中に沈む太陽を拝む行事がある。

お彼岸は日本独自の行事で、その語は日願《ひがん》から来ていると五来重《ごらいしげる》は説いている。柳田國男の『年中行事覚書』によれば、お彼岸に「日天様《にってん》のおとも」などと言って、東へ行って日の出を拝み、西へ行って日の入りを拝むといったことも行われていたらしい。それらにならって、日が傾くころ、真西に向かって歩きだし、沈む夕日を見届けるトワイライトハイクを楽しもう。

月待にも、東に向かって歩いて月を迎えにいく迎待《むかえまち》というものがあるというが、日の出や月の出まで東に向かって歩き続けるのは、現実に日や月をちょっと迎えにいっている。東へ歩くと地球の自転方向に移動することになるから、東へ行けば行くほど日の出や月の出の時刻は早まる。だから、ほんのわずかだが日や月に早く会えるし、逆に西へ歩きながら日の入りや月の入りを見届ければ、ほんのちょっとだけ日や月との別れを長引かせることができる（とはいえ、西に山が見えている場合、山に近づくほど、山が邪魔して日や月との別れは早くなるが）。

四月

◉花明かりナイトハイク

夜桜というと、今は電灯でライトアップした桜を楽しむのがほとんどで、かつては雪洞《ぼんぼり》や篝火《かがりび》でライトアップしたが、実は一番幻想的なのは、月明かりと星明かりだけが照らす夜の山桜だと断言したい。朧月《おぼろづき》のやわらかい光にじんわりと青白く浮かび上がる山桜を眺めていると、自分の頭の中も朧になってくる。

山桜満開と満月が重なる夜を狙って、JR五日市線武蔵五日市駅から金比羅《こんぴら》尾根を登るミッドナイトハイクをやったことがある。夜、満開の桜の下がボーっと明るくなることを花明かりというが、天気に恵まれ、月明かりの幻想性と花明かりの幻想性があいまって、この世離れした世界だった。コブシの大きな白い花も満開だったので、その花明かりがさらに幻想性を極めた。

このときは参加者が三人だけのツアーで、三人とも私が案内する多様な闇歩きツアーの常連さんだったが、三人のうち二人が、これまで経験した闇歩きの中でとくに印象に残っているのがこのツアーで、ぜひまた同じツアーをやってほしいと言っていた。

ライトアップされた夜桜は下から光が当たっているから、昼間の花見同様、下から仰ぎ見ればいいが、月明かりの山桜は違う。上から月が照らしているので、下から見ると逆光でよろしくない。上や横から順光で見るのがいい。平地では桜の花を見下ろすのはなかなか難しいが、山ならかんたんにできる。その意味でも月明かりの夜桜は山で楽しむのが正解だ。

月明かりと池、沢などの水明かりが組み合わさるとなおいい。月が水面《みなも》に反射して下から岸辺の桜を天然ライトアップするから、その場合は光源が月だけでも下から夜桜を楽しめる。

◉雪解けの水音を楽しむナイトハイク

雪国の春はにぎやかだ。生き物たちもにぎやかになるが、なにより水がスゴい。雪解け水がどんどんどこ沢から川へと集まって、ふだん涸れている川にも水が満ち、豪雪地帯はこの季節、豪水地帯、轟音地帯になる。人が生み出す騒音がグッと静まり、聴覚が鋭敏になる夜は、なにより雪解け水の音こそが風景の主役になる。

滝や砂防ダムの轟音は谷中に轟き渡り、尾根まで届く。「上越のマッターホルン」と呼ばれる大《だい》源太山《げんた》の麓にある大源太湖の砂防ダムは、大太鼓の大集団のような大迫力だった。そんな激しい音から、足もとをチョロチョロと流れるかわいい音まで、「水のオーケストラ」と呼びたくなる多種多様な水音の重なりに、耳が楽しい。

雪国でなくても、雪がかなり積もる山とその麓もなかなかにぎやかになる。水の音は人を元気にしてくれる。大雨のあともそうだが、ふだんとはまったく違う音の景色に気分が高まる。

◉旧暦雛祭りの三日月ムーンセットハイク

旧暦の時代、三月三日の雛祭りの日は必ず大安で三日月だった。女性の細い眉に似ていることから三日月を眉月とも呼ぶが、三日月は雛祭りにほんとうによく似合う。ので、旧暦三月三日の三日月を「雛月《ひいなづき》」と呼んで、沈みきるまで見届けるトワイライトハイク（ムーンセットハイク）をしよう。春はほかの季節より三日月の高度が上がるので、三日月を見るには最良の季節といえるかもしれない。

旧暦の感覚を失ってしまった今の日本人は、新月と半月の間の月をざっくりと三日月と呼んでいる。だから、ひと月に何日かは三日月を見るチャンスがある。だが、ほんとうの三日月は旧暦の毎月三日の月のことだから、天気がよくてもひと月に一度しか見られない。しかも、日があるうちはなかなか目に入らず、宵のうちにさっさと沈んでしまうので、一晩中拝める満月などと比べてずっと稀少な存在だ。稀少な三日月を歩きながらじっくり愛でて、クライマックスは山上で見届ける月の入りだ。

三日月は季節によって沈みかたが異なる。春の三日月は寝そべるような向き（明るく光っている部分が下で、暗い地球照の部分が上）で沈んでいくので、遠山の稜線の向こうに沈んでいくとき（やや右上がりの稜線が望ましい）、明るく光っている弧の真ん中のあたりが先に隠れる。そうすると月が左右二つに分かれて、まるで一対の光る角のようになって沈んでいく。私はこれを「月の角」と呼んでいる。

春以外の三日月は弧の端のほうから沈んでいくので、月がきれいに二つに分かれてくれない。その点でも、春こそが三日月の見ごろなのだ。月の角がわずか一分足らずで沈みきると、地球照の部分だけが残って、まるで闇の満月（新月）が沈むところのように見えておもしろい。

◉葉梅見ごろ嗅ぎごろ

ある年の四月中旬に奥武蔵の大高取山へトワイライトハイクをして、関東三大梅林のひとつ、越生《おごせ》梅林へ下った。すると、梅の花は散っているはずなのに、街明かり（と雲越しの月明かりも少しあったか）を浴びた梅が、なぜか咲いているように見える。しかも匂う。近づいてみると、花に見えたのは芽吹いたばかりの若葉だった。葉桜ならぬ、葉梅。若葉なので色が明るくて反射率が高く、夜の光の下では花のように白っぽく見えるのだ。昼なら絶対に花に見えないのに、夜は花に見える。梅は夜、もう一度咲く。梅は二度咲くのだ。

◉アオバズク、ミゾゴイ来日

「ホウホウ、ホウホウ」と夜に染み渡るアオバズクの鳴き声は、フクロウの鳴き声よりも身近だろう。全国でその声を聴けるし、平地や低山の森のみならず、都市部の公園や社寺の林にも営巣するからだ。私は秋川渓谷に住んでいる今はもちろん、世田谷に住んでいたころもアオバズクの声をよく聴いた。葛飾区にある水元公園にもアオバズクがいた。

少し土笛の音を思わせるやわらかく美しいアオバズクの声は、いつまでも聴いていられる。だが、その声を聴ける期間はフクロウより短い。フクロウは留鳥だが、アオバズクはほとんどが渡り鳥だからだ（ただし、奄美大島以南に分布する亜種のリュウキュウアオバズクは留鳥）。

アオバズクは夏鳥で、四月中旬から五月上旬あたりに東南アジアから渡ってくると早速、夜に精力的に鳴き始める。青葉の季節に盛んに鳴くからその名がある。やがてあまり声を聞かなくなるが、十月ごろ東南アジアへ旅立つまではたまに耳にする。

夜に染み渡る鳴き声といえば、やはり夏鳥のミゾゴイもそうだ。日本だけで繁殖が確認されているサギ科の鳥で、溝（小さな流れ）にいるゴイサギみたいな鳥だからミゾゴイという。四月ごろ東南アジアから繁殖のために日本の山林にやってきて早速、夜にオスが「ボー、ボー、ボー、ボー」とフクロウ科のような声で鳴く。

私の住む東京・あきる野にもやってきて短期間だけ毎晩鳴く。お相手のメスが見つかるともう鳴かない。こもった感じの少し気味が悪い寂しげな声で、「うめきどり」とも呼ばれたというが、春の霞んだ夜によく似合う声で、聴き入ってしまう。

五月

◉オオオバボタル幼虫見ごろ

一般にはほとんど知られていないが、東京あたりでは四月末から五月初めのころ、オオオバボタルの幼虫の光が目に留まる。

日本にはゲンジボタルとヘイケボタル以外にもいろんな蛍がいて、なるべくライトに頼らずにナイトハイクをしていると、さまざまな蛍の発光に気づく。ゲンジやヘイケの幼虫は水棲で成虫がよく光るが、それ以外の蛍はほぼ陸棲で、ヒメボタルを除くと幼虫のほうがよく光る。

オオオバボタルは本州、四国、九州の陸棲の蛍としては最大で、森林や林縁で見られる。成虫はあまり発光せず、幼虫はしっかり発光する。幼虫は蛍としては珍しく朽ち木の中で生活するのでふだんは見られないが、このころと十月ごろに朽ち木の中から光りながら這い出してうろつく。陸棲の蛍としてはかなり強く光るので、ナイトハイクをしていると目に留まりやすい。

東京あたりではほとんど注目されてこなかったが、植林の間伐後に放置された朽ち木や朽ちた切り株の中などに結構いることがわかった。あきる野の植林でも見た。川沿いの林道の近くだったが、実際、そういうところに多いという。間近で見ると、光は二ブロックに分かれている。よくいるクロマドボタルの幼虫などは尾部の一節だけが発光器だが、オオオバボタルは発光器が二節あり、だから光が強いのだ。体はクロマドボタルの幼虫より黒っぽい。そして朽ち木の上で見つかるので、それがオオオバボタルに違いないとわかる。

クロマドボタルの幼虫は用心深く、危険を感じるとすぐ発光をやめてしばらく光らないので見失ったりするが、オオオバボタルはずっと光っていてくれるので見失いにくい。サービス精神旺盛な蛍だ。

◉蛙聴き、遠蛙と近蛙

初夏の渓流では、「清流の歌姫」と呼ばれるカジカガエルの、ちょっと蛙離れした美声が聴きごろを迎える。雄鹿の声に似ているから川の鹿、河鹿《かじか》と呼ぶ。

私の住む秋川渓谷では三月下旬から八月まで夜通し鳴き声（広告音）が聴ける。ＪＲ武蔵五日市駅から歩いて四分ほどで秋川橋に着き、そこでもカジカガエルの声を聴けるが、東京近郊で最も便がいいと思われるのは、京王線高尾山口駅前だ。車や駅やなんやの音がいろいろあるから意外に気づかない人が多いが、改札を出たらもう、目の前を流れる案内川から「ルルルルルル、フィーイフィーイフィーイ」とカジカガエルの声が聞こえてくる。少し上流には「かじか橋」という名の橋が架かっている。案内川は交通量の多い甲州街道沿いを流れるが、車の音に負けずに鳴いている。

蛙は暗闇の中での視力に優れ、近年の研究によれば、暗所で色を識別できるらしい（人間にはできない）。警戒心が強いので、川がよく見えるところに行くと、結構距離があっても鳴くのを止める。じっと佇んでしばらく待っても、なかなか再開してくれない。

なので、カジカガエルの鳴き声が聞こえてきたら、まずはあまり近寄らず、川から見えない木陰などでじっくり遠蛙を聴くといい。声は大きいので、距離があってもよく聞こえる。近寄るうちに鳴き止まれてしまったら長期戦だ。その場に寝っ転がれるなら寝っ転がって、難しいなら座り込んで、五分以上じっとしていよう。近蛙を楽しむには心の余裕が大切だ。

カジカガエルの声は昔から日本人に愛され、その声を聴きにいく「蛙聴き」とでも呼ぶべきレジャーがあったが、ほかの蛙の声もいい。この季節の池や田んぼではさまざまな蛙たちが合唱する。モリアオガエルは稀少なイメージがあるが、あちこちに結構いる。シュレーゲルアオガエルの鳴きかたに似ているが、それより声が低くやわらかい。アマガエルはヒキガエルと対照的にかわいらしい姿をしていながら、オッサンっぽい大声で「ゲゲゲゲ」と鳴くのがおもしろい。

カジカガエル以外でとくに印象的なのが、なんといっても四月から九月ごろにかけてのウシガエルの重低音だ。日本最大の蛙で、大正時代にアメリカから食用としてやってきて、各地で養殖が盛んになった。ウシガエルはカジカガエルとは逆の方向に蛙離れした、迫力ある声で鳴く。声が牛に似ているからその名があるが、牛と間違えることはなく、不気味な怪物のような声だ。実際、日本に移入して間もないころは、各地で怪物やお化けの声と間違われて騒動になった。

日本では食用として定着しなかったためやがて養殖は廃れたものの、太平洋戦争後、放置されたものが全国のほとんどの地域で激増し、おなじみの蛙になった。二〇〇五年に特定外来生物の烙印を押され、生態系の破壊者として積極的に駆除すべき対象になったが、私など戦後昭和生まれの人間にとっては、「ブオー、ブオー」というあの恐ろしげな声は、夜の闇の不気味さを演出する原音景とでもいうべきもので、あの声を聴くと郷愁すら感じる。駆除を進める一方で、特定外来生物保護区のようなエリアもどこかにつくってほしいと切に願う。あの声を日本の闇から消し去ってしまうのはちょっと残念だ。

◉水田の水明かり、泳ぐ飛行機と人工衛星

四月下旬から六月にかけて、多くの地域が田植えの季節を迎える。それまで静かに涸れていた田んぼに水が入って蛙の合唱で大にぎわいになるが、月や星が暗い水面に映り、音だけでなく光も結構にぎわう。谷に入り込んだ棚田は雑木の山に挟まれて暗いので、星をよく映す。

夜の光が水面に反射してあたりを仄明るくするのを、水明かりと呼ぶ。山裾の田んぼの水明かりと森の闇のギャップを楽しもう。

池は結構、畔に近づけないところや木々が空を隠すところが多くて、水面に映る光をあまり自由に見られないが、田んぼはいろんな角度から水面の光を見ることができる。なので、水面を泳ぐ飛行機や人工衛星の光を楽しむ最適期でもある。

ただし、みだりに畦《あぜ》を歩いてはならない。畦が崩れて農家に迷惑をかけるおそれがあるし、この季節にヘイケボタルの幼虫が上陸して畦で蛹になるので、ダメージを与える可能性もある。

六月

◉一年で最も暗い五月闇、雨のナイトハイク

旧暦五月は一年で最も闇を感じる季節だ。梅雨の厚い雨雲が垂れこめて日の光を弱める。夜は月

明かりもほとんど届かず、星明かりすらない。しかも、木々の葉が色濃く生い繁って頭上を覆うので、晴れても暗い。雨が降ると、頭上だけでなく足もとも暗くなる。雨に濡れた地面はとても暗い色になるから、雪明かりの真逆で、足もとがまったく見えないのだ。

このころの昼でも暗いことを五月闇といい、青葉の繁った木の下が暗いことを木下闇《こしたやみ》または青葉闇という。月名と闇を組み合わせた言葉は「五月闇」だけだ。そのことからも、五月こそが一年で最も暗い季節だということがわかる。

闇を楽しむことこそがナイトハイクの真髄だから、この五月闇の時季こそが、ナイトハイクのハイシーズンだと言ってもいい。星明かりすらないほんとうの闇が待っている。

雨の夜ですら、この季節は心地よい。ザアザア降りの中を長時間歩くのはさすがに楽しくないし危険だが、小雨の中を短時間なら問題ないし、霧雨程度なら森の中は雨がほとんど落ちてこないから、雨具を使う必要もなく、長時間のナイトハイクもまるで問題ない。湿度は非常に高いが、気温がちょうどいいので全然不快にならない。日本の適温多湿のやわらかい闇を心ゆくまで実感できる。

◉蛍闇、蛍と水と闇の世界

五月闇の季節は、蛍の季節でもある。蛍の幽《かそ》けき光があることで闇がますます深みを増す。この、蛍が飛び交う闇を私は「蛍闇」と呼んで愛でている。

日本には約五十種の蛍がいるが、昔から断然親しまれてきたのが、水辺を飛び交うゲンジボタルとヘイケボタルだ。幼虫が水棲だから成虫も水辺にいるが、実はそういう蛍はとても珍しい。ほとんどの蛍は幼虫も成虫も陸棲で、水と絡まない。

ゲンジボタルは本州、四国、九州等に分布する日本固有種で、成虫の光の舞は梅雨に集中的に見られる。私の住むあきる野では六月から七月上旬くらいまでだ。清流沿いを光りながら飛び、水面に映る光も美しい。

北海道にもいるヘイケボタルは、沼や池にも棲むが田んぼに多いので、米蛍とも呼ばれる。成虫の光は梅雨から晩夏まで、ゲンジよりずっと長期間見られ、ときには秋に成虫が現れて、秋蛍とも呼ばれる。あきる野ではふつう、六月から八月くらいまで楽しめる。横沢入《よこさわいり》という湿原では五月闇の季節にゲンジとヘイケの両方の明滅が見られ、蛍の源平合戦となる（ゲンジとヘイケが戦うわけではないが）。

ゲンジが強い光でふわーん、ふわーんとゆっくり明滅するのに対し、ヘイケは弱めの光でチカチカと短い間隔で明滅するので、ちょっと慣れれば光だけでかんたんに区別できる。

だが、どうもゲンジばかりもてはやされて、ヘイケはあまり人気がない。たしかにゲンジのほうが光が大きくて強く、一ヶ所に大量発生してとても華やかだ。光りかたもゆったりしていて優雅だ（とくに東日本のゲンジは明滅がゆったり）。でも、ヘイケをじっくり観察するとゲンジにはない魅力に気づく。ヘイケの光もとてもいい。

ヘイケの光はゲンジに比べて小さく弱々しくて、せわしく瞬いてふらふらするから、草から舞い上がって飛ぶようすはまるで緑の火の粉が舞っているみたいで、今にも燃え尽きてしまいそうな儚さだ。夜になると、ヘイケたちはひとしきり飛び交って、それから同じ草のほうへはらはらと下降していく。そのようすはまるで、光る雪が降っているよう。そして、同じ草に集まってチカチカすると、光る草花が咲き乱れているように見えてくる。蛍火満開の草だ。

農薬による水質汚染、乱開発や減反政策などによってヘイケは都会の近くからほとんど消えたといわれる。だが、私の家の近くにはヘイケが生き残っているところが何ヶ所もある。街明かりが届いて明るい、たった数枚の小さな田んぼにもいる。ゲンジの棲む清流沿いはふつう、木々の闇に守られて暗いが、ヘイケの棲む田んぼはひらけているから、街明かりが届きやすい。だからヘイケの弱い光が街明かりに紛れて気づきにくいだけで、実は意外に身近に生き残っているのかもしれない。

舞い上がるときは緑の火の粉のようで、舞い降りるときは光る粉雪になる。そんな不思議で密かなヘイケの光を、山のとば口のあたり、雑木の山に挟まれた小さな田んぼや廃田で探してみよう。

◉オールナイトハイク最適期

六月二十一日ごろ夏至を迎え、北半球では一年で最も夜が短くなる。終電に乗ってミッドナイトハイクをすると、おちおちしているとあっという間に星が減りはじめ、どんどん空が白んできて、短夜を実感する。だからこの季節は夜遅くからのミッドナイトハイクでなく、日が暮れたらもう歩き始めるオールナイトハイクの最適期といえる。夏至のころのオールナイトハイクは、冬至のころのミッドナイトハイクと同じようなものだ。

五月晴れ（梅雨晴れ）の夜に夜通し歩こう。ミッドナイトハイクは夜遅くからなので、登山口までのバスが終わってしまっていることが多いが、オールナイトハイクはスタートが早いのでバスを利用できることが多く、アプローチが楽だ。

この季節は日射しが厳しく暑いのでデイハイクはバテやすく喉も渇きやすいが、ナイトハイクはバテにくく喉が渇きにくい。飲料は少なめで済むから荷物が軽めだ。

一晩中、歩き続けるのはキツいので、たまにレジャーシートを敷いて短い仮眠をとるといい。この季節は寝袋もなにも必要ない気温なのも好都合だ。

◉銀河系の中心部が見ごろ

全天をぐるりと流れている天の川は、どこを見ても同じようなものだと思っている人は案外多いが、そんなことはない。私たちの住む太陽系は銀河系の結構辺境にあり、そこから見た銀河系の星が密集しているところ（銀河円盤の水平方向）が天の川として見えている。だから当然、銀河系の中心部方面である、いて座のあたりは星がたくさんあって天の川が濃く明るい。ほんとうに暗いところでいて座方面を見ると、天の川がちょっと明るすぎるなと思ってしまうくらいだ。織姫と彦星のいる夏の大三角あたりはそこから近いから、天の川がかなり明るい。

いて座は夏の星座で、春や秋は時間帯によってある程度は見られるが、冬にはほぼ見えない。いて座から離れると天の川は薄く暗くなる。冬の大三角のあたりはいて座からとても遠く、ほんとうに暗い土地に行かないと天の川が見えない。だから、夏には天の川がらみの伝説があるのに、冬にはないのだ。冬の夜空は一等星など明るい星が多いし、空気が澄むから、星空が派手でひとつひとつの星を見るにはいいが、天の川を見るには適さない季節なのだ。

銀河系の中心部は八月の宵に南中するので、まさに旧暦七夕のころが見ごろといえば見ごろだ。でも、宵よりも深夜のほうが気温が低くなるので空気は澄むし、街明かりも宵より深夜のほうが少ないので、より天の川を見やすい。だから、銀河系の中心部の最高の見ごろは、深夜に銀河系の中心部が南中する六月であり、東京あたりだと梅雨入り直前や梅雨の晴れ間の闇夜にミッドナイトハイクやオールナイトハイクをすれば、夜通し天の川を楽しめる。

◉マタタビとハンゲショウの白化粧

梅雨に沢沿いや林道を歩いていると、マタタビやミヤママタタビの白い葉たちが闇夜にも目立つ。

甘い香りの梅に少し似た花が咲き、花も夜に目立つ白なのだが、葉陰に下向きに咲くので離れたところからは目立たない。花が咲くころ、つるの先の葉が白く化粧するので、葉のほうが夜に目立つ。マタタビにやや遅れて、水辺や湿地にハンゲショウの白い花が咲く。ドクダミの仲間で花穂は上に向くがあまり目立たず、代わりに花の周りの葉が白く化粧して闇に浮かぶ。少し離れてその群生を眺めると、闇の中で葉が咲き乱れている感じだ。

七月

◉ヒグラシ鳴き始め

ヒグラシはニイニイゼミとともに六月下旬～七月上旬ごろから、ほかの夏の蝉に先駆けて鳴き始める。夏を告げる蝉だ。春告鳥ならぬ夏告蝉という異名を与えたい。北海道南部から奄美大島まで、日本の大部分に分布する。「カナカナカナカナ」という透明な哀愁を感じるあの声は、全生物中最高の鳴き声だと私は思っている。トワイライトハイクで聴くもよし、ミッドナイトハイクで聴くもよし。ミッドナイトハイクで夜明けにひとしきり、ヒグラシの鳴き声のシャワーを浴びたあとは、夜の夢から醒めた気分になる。

◉金色の人魂、ヒメボタル見ごろ

ヒメボタルは陸棲の蛍だが、ゲンジボタルやヘイケボタルと同様に成虫のオスがよく発光しながら闇を飛ぶ。本州、四国、九州に分布し、東日本ではふつう、結構高い山の森の中を飛び交うが、名古屋では下市街の名古屋城外堀やその周辺で見られるという。どういうことかと蛍のシーズンではなかったが夜にそこへ行ってみたら、外堀には水の代わりに闇が溜まっていた。ある程度街明かりは射し込むもののなかなかの暗さで、なるほどこれなら蛍もやっていけると思った。

東京ゲンジボタル研究所代表の古河義仁さんのウェブサイト『東京にそだつホタル』によれば、秩父では民家の庭や畑の上を舞ったりもするそうだ。ヒメボタルの出現時期は五月ごろから八月ごろだが、地域によってまちまちで、飛び交う時間も地域によって違う。私はある年の七月五日と別の年の七月十日の夜に、奥多摩の標高七百数十メートルの樹林でヒメボタルの乱舞を見た。

ヒメボタルの光は、ほかの蛍の黄緑色の光とは全然違う、暖かみのある黄色い光で、だから土地によっては金蛍と呼ばれる。ゲンジ、ヘイケのように川や田んぼの上のひらけたところを優雅に明滅しながら飛ぶのではなく、星明かりすらほとんど届かない暗い樹林の木々の間を、パッパッパッパッとフラッシュのように点滅しながら飛ぶ。

その光は木々の幹に反射して実際より大きく感じられ、スゴく魂っぽい。人魂っぽい。闇の中でたくさんの魂っぽい点滅を見ていると「おまえがそこにいるのはわかっているぞ」と警告されているような、物の怪の群れに監視されているような感じがしてゾクッとくる。

蛍はかんたんに捕まえられるので捕まえてみると、ゲンジボタルより小さいヘイケボタルよりもさらに少し小柄だが、複眼がとても大きく目立っていて出目金みたいだ。出目蛍だ（ただし、飛ばないメスの目はとても小さい）。

私は梅雨の夜はゲンジやヘイケが多い里闇を歩くことが多く、ヒメボタルがいそうな山にはあまり登らないのでなかなか出会わないが、私が見た場所はおもにスギの植林が広がる斜面で、特別な場所とは思えず、だからこの時期、あちこちの森の闇で人知れず金色の乱舞が繰り広げられているに違いない。ほかの蛍の光とはまったく違う唯一無二の金色の閃光を、まだ見たことのない人はぜひ目撃してほしい。

◉ヤマユリ嗅ぎごろ始まる

温度と湿度が高いと、においが強くなる。夏のナイトハイクは鼻が楽しい。七月から八月にかけて、近畿以東の山地や平地で、ヤマユリの花のにおいによく出会う。ヤマユリは大きく立派な花も葉も美しく、甘い芳香を放つ百合の代表だ。夜の山道を歩いていると、かなり遠くからにおいがやってきて、そのにおいの強さに驚くし、においの主を探してみると、白く大きな花なので闇夜でもとても見つけやすい。

八月初めに箱根の明星ヶ岳から明神ヶ岳へミッドナイトハイクをしたとき、闇夜の山上のそこかしこに白いヤマユリの花が目立っていた。とくに、別荘地脇からの登路と合流する鞍部から明神ヶ岳山頂にかけて多く咲き、ヤマユリのにおいの門を潜《くぐ》るようなところもあって、完全にヤマユリの道だった（そういえばこのとき、ムネクリイロボタルと思しき成虫の発光を見た。里山あたりにいるイメージだったが、こんな高いところにもいるのだった）。

ヤマユリにやや遅れて、クサギも甘い芳香を放つ白い花を次々に咲かせ、そのにおいの強さに驚かされる。ヤマユリ同様、においと白が夜に目立ち、夜行性のスズメガ類や私を引き寄せる。

同じころ、シシウドの白い花も山上に咲き乱れる。あまり注目されない花だが、小さな花が手花火のように大きく広がって闇夜に浮かび上がり、美しい。

八月

◉富士山伝統的ナイトハイクとヒカリフジ

梅雨が明けると本格的な富士登山シーズンになり、八月二十六、二十七日の吉田の火祭り（鎮火祭）を経て、九月上旬ごろまで続く。富士山のナイトハイクの歴史は非常に古く、すでに室町時代には一般人が夜に登る富士山ツアーが整い、江戸時代中期にはブームになった。

そのナイトハイクの伝統はほとんど途絶えることなく今日まで続いている。ほかの山のナイトハイクとは違って人間だらけでライトだらけの大行列の登山だが、それはそれでまた強烈な異世界感、あの世感があり、忘れられない体験になるので一度は登りたい。そして、せっかくだから、しっかりお鉢巡りをしてから下山しよう。

富士山自体に登るのもいいが、富士登山シーズンの箱根山のミッドナイトハイクは超おすすめだ。この季節の夜の富士山は、登山者のヘッデンと山小屋の火影《ほかげ》がつながった光の行列が遠くからでもよく見えるが、とくに深夜の箱根の山上から見ると、富士山に四つあるおもな登山道のうち、一番北側の吉田口登山道と一番南側の富士宮口登山道の光の行列が、ちょうど富士山を縁取るような位置になる。しかもこの二つの道を登る人が断然多いので、夜の闇の中に、たくさんの光に縁取られた富士山が浮かび上がる。私はこれをヒカリフジと呼んでいる。

私が初めてヒカリフジを見たのは、明星ヶ岳の大文字焼のビューポイントで、このあたりから見ても素晴らしいが、乙女峠あたりだと間近にヒカリフジを拝める。この方角からまともに富士山を望める山は箱根山だけで、ヒカリフジはほぼ箱根山だけの特別な絶景と言っていい。あとは房総の南、館山あたりなら方角は合うので試す価値はあるが、富士山から百キロ以上離れているからなかなかたいへんだろう。

三大流星群のひとつ、ペルセウス座流星群の極大（八月十三日ごろ）に合わせて登るとぜいたくな夜になるが、極大を外しても夏は流星群が立て込んでいるので、ナイトハイク中に流れ星が見られる確率は極めて高い。

箱根は東京から短時間で天の川を見にいける山でもある。旧暦七夕には月の舟（舟みたいな形の月）を見送ったあと、箱根山のように大都市から充分離れた山を歩いて、天の川の両岸の織姫と彦星を眺めて夜を明かしたい。

◉白い妖精、カラスウリの花見ごろ

カラスウリといえば、冬枯れの昼間の景色の中で目立つ、赤いタンクのような実を思い浮かべる人が多いだろう。だが、カラスウリの花を知っている人は多くない。

カラスウリは本州、四国、九州に分布し、丸々と肥えた実からは想像しがたい可憐というか妖艶な花を咲かせる。白いレースの衣をまとった妖精のような花で、七月から九月にかけて、夜な夜な密かに咲く。梅などと違って昼間は萎んでいて闇の時間にだけ咲くから、身近に結構咲いているのに気づきにくい。

私の最も好きな花かもしれない。待宵草なども闇の時間にのみ咲くが、繊細で幻想的なカラスウ

リの花の美しさに比肩できる花はなかなかない。昼間も咲いているキカラスウリの花が一見かなり似ているが、繊細さがまるで違う。

◉遠花火、遥か彼方の打ち上げ花火

夜の早い時間に山上の眺めのいいところで休んでいると、遠くに打ち上げ花火が見えることが結構ある。遠すぎて花火の音は聞こえず、次々にひっそり打ち上がる遠花火を、花火大会の混雑、喧騒とは無縁の闇の山上でゆったり眺めるのも乙で、最後までずっと見てしまう。

偶然の花火との出会いを楽しむのもいいし、予《あらかじ》め調べておいて、花火大会に合わせてナイトハイクをするのもいい。東京ディズニーランドをはじめ、打ち上げ花火は年中見られるが、長時間、たくさん打ち上げる花火大会はやはり夏の土曜や日曜が多い。どれだけ遠くから見えるか、超遠花火の最遠観賞記録をつくってみるのもおもしろい。

十一月上旬の土曜に、あきる野の天竺山頂上からものすごく遠くに見えた花火もよかった。遠すぎて、線香花火より小さい打ち上げ花火。あとで調べたら、幕張海浜公園の花火だった。その距離約七十三キロの超遠花火だ。とても小さかったがはっきり見えたので、もっともっと遠くの花火も見ることができるに違いない。

九月

◉発光きのこ見ごろ

闇の森の中で光るきのこを見たことがあるだろうか。一度見たら、そのあまりにファンタスティックな光景を一生忘れることはないだろう。日本には発光するきのこが十三種以上存在している。その代表はヤコウタケとツキヨタケだろう。

八丈島は光るきのこの島として有名で、七種の発光きのこが確認されていて、四月から十一月上旬ごろ（とくに五月下旬~九月上旬）に見られるという。私も八月と十月の八丈島の森で、ヤコウタケ、エナシラッシタケ、シイノトモシビタケ、スズメタケなどの発光を見たことがある。

ヤコウタケは「蛍の光、窓の雪」のあとに「夜光茸の灯」と加えたくなるくらい強い光を放つ。かぐや姫のように目立つので遠くからでもわかる。亜熱帯地域を中心に分布していて、八丈島では六月から九月ごろまで見られ、小笠原ではグリーンペペの名で親しまれているが、本土の太平洋側でも見られ、丹沢の山中でも発見されている。

東京のヒメボタルと同様に、雨の多い、湿度の高い季節の闇の森に行かないといけないし、ひとつのヤコウタケの子実体が光るのは二、三日間だけなので、そうかんたんには出会えない。出会ったら間違いなく、おとぎの世界へ行ってしまう。

ツキヨタケも雨の季節に光るが、本土ではこちらのほうが圧倒的に出会いやすい。ツキヨタケは北海道南部から本州、四国、九州にかけて分布し、晩夏から秋に立ち枯れや倒れたブナなどにふつうに自生する。ヤコウタケに比べて光はとても弱いが、ヤコウタケより遥かに大きく（シイタケより大きくなる）、かなり密に群生する。ブナ以外にも生えるが、秋の長雨のころにブナの森を歩けば出会いやすい。

でも、一番におすすめしたいのは、八丈島の三原山の森で見た光るきのこの菌糸だ。スダジイなどの落ち葉の全体に付着して光るので、光る葉という感じ。仮にアリノトモシビタケと呼ばれている、まだよくわかっていない種の菌糸らしい。子実体は小さくて実にかわいらしいが、なにより惹きつけられるのは落ち葉に付着した菌糸の光の弱さだ。

歩きながらでは気づきにくく、気づいても気のせいかもと思ってしまうほど弱い光で、落ち葉を手にとって間近で見るとようやく光っていると確信できる。真っ暗な森の中で見てもほんとうに微《かす》かな光で、ギリギリ闇じゃないという感じ。闇と光の境界のギリギリ光側、夢と現《うつつ》の境界のギリギリ現実側という感じで、ちょっと油断しているとあっという間に夢の世界に引き摺《ず》り込まれそうでクラクラする。

長い闇歩き人生の中で、とりわけ強く印象に残っている体験だ。三原山のあちこちの森で見られる。光が微かで見つけづらくはあるが、ほかの発光きのこより断然かんたんに出会える。初めて見たのは八月だったが、十二月に訪れたときもしっかり微かに光っていた。そのあとの一月から三月にかけては十二月より気温が低くなるが、大きく下がることはなく、雨量はむしろ多くなるので、もしかしたら光る葉はほぼ一年中見られるのかもしれない。

◉寝っ転がって虫聴き

昔は秋になると虫聴きを楽しんだ。スズムシ、マツムシ、コオロギ、クツワムシなどの虫の音を聴きに郊外の野山へナイトウォークし、一晩中、虫の音を楽しむ人もいたという。虫聴きは平安時代に始まり、江戸時代には庶民の間でも盛んになった。とくにスズムシの「リーン、リーン」とマツムシの「チンチロ、チンチロ」という声は大人気だった。

今の都会や郊外は、鳴く虫の種類が少なく音も美しくなく、スズムシやマツムシの声を聴くことはほとんどなくなってしまった。だが、都会から充分離れて暗い野山を歩けば、スズムシやマツムシの美しい声をしっかり堪能できる。

寝っ転がって聴くのがおすすめだ。秋の虫の多くは、草むらの地面に近い低い位置で鳴いている。だから、寝転がって聴いてみたら、立って聴くのと全然違う感じで、クリアに聞こえてくる。虫と同じ目線ならぬ耳線で聴くと、よく伝わる感じがする。鳴き声が自分に向けられている感があって新鮮だ。虫かコロボックルになった気分になる。

◉台風一過の走る月と緑の月

ある年の中秋の名月は、あいにくの台風で豪雨だったが、やがて風は強いまま雨が止んで晴れ渡った。澄んだ夜空に輝くクリアな月。強い雨に代わって強い月射しが降り注ぎ、強い風が唸り続ける。強い風と強い月。なんて激しい、凄まじい月夜だろう。最果ての荒野にいる気分だった。

台風一過の月夜は、実は狙い目だ。台風が山を荒らしたばかりだから充分注意しないといけないが、月にライトアップされた雲がグングン流れて、雲の中を月もグングン突き進んでいき、ものすごくカッコいい。雲が全部同じ方向に流れていくので、月がそれと逆方向に走っていくように錯覚するのだ。

そういえば、九月中旬の台風一過の異様な夕焼け空に、緑の月を見たこともある。白く輝き始めた月をピンク気味の夕焼け雲が取り巻いていたのだが、なんか奇妙だなと思ってよく見ると、月がほんのり緑がかっている！　ストロベリームーンならぬ、メロンムーンだ。夕焼け雲の赤の補色である緑を感じる、補色残像ということだろうか。

昔、インドネシアのクラカトア火山の大噴火後に、青や緑の月が見られたという。噴火で大気中に放出された大量の塵などに光が当たって散乱し、異様に赤い夕焼けが世界各地で見られたらしいから、このときの緑の月も補色残像だったのかもしれない。

◉中秋の名月、フル月夜のムーンライトハイク

十三夜や十日夜《とおかんや》、月待など、月を見る行事はいろいろあるが、最も人気があるのはやはり旧暦八月十五夜の中秋の名月だ。ほかの月見行事と違って中秋の名月は、ほぼ一晩中、月明かりを楽しめるフル月夜だ。

外に出てただ月を眺めるだけでは案外すぐ飽きて、さっさと部屋にもどってしまったりするが、月光を頼りに無灯火で歩くムーンライトハイクなら、名月を朝まで飽きることなく存分に楽しめる。ただし、秋雨の季節なのでなかなかすっきり晴れてくれない。月が見えない雨月《うげつ》（雨名月《あめめいげつ》）、無月になりやすい。

だが、雲が空を覆っていても諦めるのは早い。満月前後の月の光は強いので、月が雲に隠れていて見えなくても、闇夜とは違ってそれなりに月明かりが感じられたりする。厚雲が空を覆っていて「今夜はダメか」と思っても、長時間歩けばちょっとした雲の切れ間や雲が薄くなったところに月が見られることは多く、まったく見られないことはそうそうない。

八月十五夜に確実に月を見たい、月を感じたいなら、ナイトハイクをするのが一番いいのだ。なかなか晴れてくれず、月が見えない夜に束の間、月が顔を覗かせると、それだけでテンションが上

がる。一晩中、月と歩くムーンライトハイクもいいが、一瞬だけ見られるチラリズム的ムーンライトハイクも悪くない。

十月

◉陸蛍の王者、オオオバボタル幼虫見ごろ

五月の項に書いたように、このころもオオオバボタルの幼虫が朽ち木の中から光りながら這い出してくる（朽ち木内にいるときも光りっぱなしらしい）。十月初めの雨上がりで湿度の高い闇夜に、高尾山をミッドナイトハイクしていたら、さまざまな蛍の幼虫の光を見て、さながら蛍狩りだったが、朽ち木の上を這うオオオバボタルの幼虫の光が一際目立っていた。陸蛍の王者と言っていいかと思う。かなり遠くからもよく見える明るい光なので、ちょっと竹取の翁的な気分でその光に吸い寄せられた。

◉十三夜、晩秋の名月

中秋の名月（十五夜）の翌月、旧暦九月の十三夜の月は、後《のち》の月などと呼ばれ、中秋の名月とセ

ットで拝むのがいいとされている。旧暦七月は初秋、八月は仲秋で九月は晩秋なので、「晩秋の名月」と呼びたい。秋の長雨が終わるころだから、中秋の名月よりも拝める可能性が大きい。月見団子をリュックに入れて、月明かりを頼りになるべく無灯火で歩く、ムーンライトハイクに出かけよう。満月のようにまんまるな月見団子を、指で十三夜の月っぽく微妙に変形させて食べるのがおすすめだ。

◉銀河系の外が見ごろ

肉眼で見える天体はほとんどすべて、銀河系（天の川銀河）内の星だ。銀河系外の天体で日本から肉眼でまともに見えるのは、アンドロメダ銀河だけだ。アンドロメダ銀河は約二百三十万光年の彼方にある数千億個から一兆個（！）の星の集まり。ちなみに、私たちの住む銀河系には二千億から四千億個の恒星が集まっている。

アンドロメダ銀河を見ることとは、銀河系の外の景色を眺め、銀河系の外を意識することであり、また、二百三十万年前の宇宙、二百三十万年前の光を、リアルに眺めることでもある。そんな超レアな景色を、夜空がそこそこ暗ければ日本のどこでもかんたんに見ることができるのだ（ちなみに月までの距離は平均して一・三光秒、つまり、地球の私たちが見ている月は一・三秒前の月だ。夜空が暗ければ、一・三秒前から二百三十万年前まで、いろんな過去を肉眼で見ることができる）。

ところが、天文好きの人を除けば、アンドロメダ銀河を見たことがある人はほとんどいないと思う。アンドロメダ銀河は、九月から十月にかけては夜遅くに南中するので、そのころを狙ってミッドナイトハイクをすればバッチリだ。宵のうちに眺めるなら十一月や十二月あたりでもいい。秋の四辺形の近く、カシオペヤ座方面に、ボーっと小さな楕円形っぽい雲のように見える。星座早見などでしっかり位置を確認して、銀河系の外を見よう。

十一月

◉このころまで秋蛍の発光

日本の蛍といえばゲンジボタルとヘイケボタルで、この二種が最もよく見られる蛍と思われがちだが、実はそうではない。一番よく出会うのはクロマドボタルなどの陸棲の蛍の幼虫だ。低山をナイトハイクすると高い確率でその光に出会う。

なにしろ光っている期間が長い。五月ごろから見られ、十一月になっても結構、発光しているのを見かける。なので、秋蛍とも呼ばれる。十一月下旬に房総のハンノ木湿原を闇歩きしたときも、林縁に蛍の幼虫の発光を見た。

清流や田んぼなどの水を必要としない蛍だが、やはり水気は好きなようで、雨上がりなどの湿度が高く暖かい夜によく見られる。一匹あるいは数匹だけが寂しく光っていることも多いが、場所によってはまるで地上の星空のようにたくさんのクロマドボタルの光が広がっていることもある。

たとえば曲亭馬琴の『南総里見八犬伝』の舞台として知られる房総の富山《とみさん》を十一月後半にミッドナイトハイクしたとき、とくに林道端のあちこちにクロマドらしき蛍の幼虫の光が散らばっていた。伊勢の近く、三重県多気町の里山を十一月の深夜に歩いたときも、竹藪にクロマドボタルなどのたくさんの幼虫が光っていた。竹藪と光の組み合わせはかぐや姫を思わせたが、いくらなんでもかぐや姫が多すぎた。

◉最終の名月トーカンヤ

旧暦八月十五夜の月見の翌月の九月十三夜の月見の、さらに翌月の十月十日夜にも、お月さまにお供え物をして月見をする風習が東日本の一部にあった。それら三回の月見を合わせて三月見と呼び、三夜とも晴れてコンプリートできると縁起がいいといわれた。

十日夜は、中秋の名月、晩秋の名月に続く三月見のトリだから、「最終の名月」と呼ぼう。十日夜の月は満月より半月に近いので、まんまるな月見団子をキュッと片手で変形させて、半月に近い形にして食べるのがよいとされている。よいとしたのは私だが。この日は案山子《かかし》揚《あ》げといって、今年も田んぼを守ってくれた案山子を田んぼから引き揚げてお供え物をして労《ねぎら》い、案山子に月見をさせる地域もあったという。

十五夜から十三夜のころは秋の長雨で、名月を満足に見られない可能性が結構大きい。雨の季節といえば梅雨だが、実は東京などでは九月初めから十月半ばにかけての秋雨のほうが雨量が多い。だから、十三夜や十日夜には、お月見の予備日としての役割もあっただろう。

でも、名月の形は意外にバラバラだ。十五夜が満月でない年も多いし、十三夜の月は明らかに欠けているし、十日夜は半月に近い。

では、三つの名月の共通点はなんだろう。まず、日の入りのころにはもう月が出ていることと、月が南中するとき五十〜六十度くらいの適度な高さになることだ（日の出入りの時刻と南中高度は一日経ってもほとんど変わらないが、月の出入りの時刻や南中高度は一日でだいぶ変わるから、この二つは共通しにくい）。そして、十五夜より十三夜、十三夜より十日夜のほうが欠けているので暗いが、そのぶん、秋が深まって空気の乾燥が進み月がクリアに見えることなどから、三つの名月の光の強さは同じくらいに感じられる。

だから名月とは「秋の適度に澄んだ空に明るく輝き、日暮れにはもう見えていて、ほどほどの高度で夜遅くまで沈まない月」だ。それはつまり、月光が照明としてちゃんと使える状態にあるということだ。名月の夜には遊んだり行事をしたりした。そのための照明として月光がとても役立ったのだ。もちろん、ナイトハイクの照明としても大いに役立つ。

◉夜帰りナイトハイク最適期

一年で夜が最も長いのは十二月二十二日ごろ（冬至）だが、日没が最も早いのは十一月中旬から十二月中旬あたりで、冬至より早い（逆に日の出が最も遅いのは、冬至を過ぎてから）。そのころは早い時間からナイトハイクをスタートできるので、終電までにたっぷり闇を歩ける。夜に登り始めてその日の電車のあるうちに帰宅する夜帰りナイトハイク（イブニングハイク）の最適期だ。

たとえばすっかり暗くなってから高尾山口駅を出発して、ケーブルカーなどを使わずに山頂までのんびり登っても、その日のうちに悠々、下山できる。ケーブルカーを使ってもいい。この季節はケーブルカーの終発のころにはもう夜なので、夜のケーブルカーを楽しんでから、のんびり夜帰りハイクができる（ビアマウント営業時は夜もケーブルカーを運転しているが、ビアマウントの客で混雑するので、ナイトハイカーにはおすすめできない）。

このころは、風に吹かれて枯れ葉たちがカラカラと舞い落ちる音が、とてもカラカラしていて、夜気《やき》が乾燥しているのが耳でもよく感じられる。早めに登り始めて早めに下って、高尾山口で温泉に浸かって肌を潤わせてから帰るのもいい（一七八頁参照）。

十二月

◉ふたご座流星群、下から見るか？　上から見るか？

八月のペルセウス座流星群は、夏休み期間なので暗いところへ遠出しやすいし、深夜にじっとしていても寒くないので、最も注目される流星群と言っていいだろう。だが、高い確率で最も多くの流星が見られるのは、十二月十四日ごろ極大を迎えるふたご座流星群で、こちらが年間最大の流星群と言っていい。条件がよければ一時間に百個以上の流星が見られることもある。

東京などでは晴れる確率が高い季節で、空気が乾燥して澄むので暗い流星も見えやすく、一年で最も夜が長いころなので（日本の大部分で一日のうち十四時間以上が夜）、そのぶん、極大が夜間になりやすいというのもある。

信州・小海の阿登久良《あとくら》山のナイトハイクで、雨上がりならぬ雪上がりの夜空に見たふたご座流星群はなかなかよかった。東のほうは曇っていたし、晴れているところも薄雲が張っていたりしたが、それでも星や流れ星は素晴らしくよく見え、薄雲越しの流れ星も、御簾《みす》越しに尊いものを拝むような感じでよかった。

ある年のふたご座流星群極大の夜に、水面に映る流星を見たいと思い、千葉の手賀沼の畔を夜通し歩いた。夜が更けて半月が沈むと、手賀沼の静かな水面を一筋の白くやわらかな光が、ゆらゆらっと泳いだ！　足もとに流れ星を見るというのは新鮮な気分だ。続いてもうひとつ、星が泳いだ。流れ星というより泳ぎ星だ。不思議な水棲の生物のようでおもしろい。もっと暗い山上の池など へ水面の流星を見にいくのもいい。

◉完全闇歩きのミッドナイトハイク

闇の森を歩いたあとに山上で爆発的なご来光を拝み、世界が生まれ変わる時間に立ち会う夏のミッドナイトハイクも無論、素晴らしい。だが、夏は足早に夜明けがやってくるので、闇と星空を満喫するにはやや物足りない気分になる。その点、冬のミッドナイトハイクでは最後まで心ゆくまで闇と星を浴びることができる。

夏より冬の山のほうが危険というイメージがあるかもしれないが、いわゆる雪山を除けばそんなことはない。熊もマムシやヤマカガシも冬眠するので、暖かい季節よりずっと危険度が低い。ヤマビルも湧いてこない。しかも、落葉樹の葉が落ちて森が明るく、太平洋側では天候が安定していてクリアに晴れ、月も明るい。冬の夜山はむしろ初心者向きなのだ。

十二月二十二日ごろに冬至を迎え、一年で最も夜が長くなる。一年で最も日の出が遅いのはその後の一月上旬あたり。この季節は、始発電車の時間になってもまだ天文薄明すら始まっていなかったりして（たとえばＪＲ中央本線大月駅から東京方面へ向かう始発電車は五時二分発だが、この季節の天文薄明はその二十分後くらいに始まる）、登り始めてから下り終わるまで完全に闇と満天の星のミッドナイトハイクを楽しむことができる。

十二月二十五日のクリスマスは、ツリーに星を頂き星を飾るいわば星祭りだが、星が光る聖《きよ》きそのイブにベツレヘムの星を求めてミッドナイトハイクをするのもいい。落葉樹の森では、降るような星が冬枯れの木々の枝に絡んで天然イルミネーションになる。東京、大阪などの街ではその季節、滅多にホワイトクリスマスにはならないが、そこそこの高さの山に登ればホワイトクリスマスを楽しめるかもしれない。

◉霜柱踏みごろ

年の瀬の低山ミッドナイトハイクは、霜柱が踏みごろだ。最低気温が〇度に近づくと霜が降りるが、さらに冷えて気温が氷点下になると地表が凍り、地表近くの地中の水分も凍って霜柱ができる。だが、雪が積もると霜柱はできないから、山にまだ雪があまり積もらない冬の初めの、気温が下がる深夜から朝にかけてが踏みごろなわけだ。この季節のミッドナイトハイクの楽しみのひとつだ。

昔は霜柱なんて珍しくもなんともなかったが、今や街は舗装されまくって、霜柱の立つ場所がほとんどない。だが、山では踏み放題だ。夜は足裏から伝わる感触と音で霜柱銀座を探す。見つけたら踏みまくってザクザク楽しむ。プチプチ（エアキャップ）を潰すときのように無心になれる。

◉ハテ日の入り

一年の始まりの日、元日に初日の出を拝むなら、一年のハテの日、大晦日に「ハテ日の入り」も見送りたい。

初日の出を拝むミッドナイトハイクをやるのがしんどいときは、代わりにハテ日の入りを見届けるトワイライトハイクをやるのもいいだろう。一年の終わりを静かに過ごすのも悪くない。

第三章

夜山の作法

◉休むときはまずライトを消す

ナイトハイクを楽しむうえで最も重要なのが、光の作法だ。人間の暗所視力は意外に優れていて、かなり暗い中でも無灯火で歩ける。とはいえ、いかんせん人間は昼行性動物で、夜行性動物の視力にはまるで敵わない。とくに木々の葉が生い繁る森の中では、ライトに頼らないわけにはいかない。どのようにライトを使うといいのだろうか。

どのようにもなにも、ヘッデンを装着してスイッチをオンにすればいいだけじゃないかと思うかもしれない。実際、ナイトハイクでは、闇夜でも月夜でもお構いなく、みんなヘッデンを点けっぱなしで歩いている。休むときもライトを点けっぱなしだ。

だがそれではナイトハイクをする意味がない。いや、意味がなくはないが、ライト点けっぱなしではナイトハイクの楽しみの大半を自ら捨ててしまっている。

夜の山を歩いてなにより気持ちいいのは、闇夜は闇を浴びること、月夜は月を浴びることだ。昼目（明所視）でカラーの景色を楽しむのでなく、夜目（暗所視）や夕目（薄明視）でモノトーンや青い幻想的な景色を楽しむ。

ライトを点けっぱなしして歩いたら、それは結局、自分の目の前に小さな昼間をつくって、その中を昼目で見て歩いているだけになってしまう。ライトで照らしているところだけを細かく丁寧に見て、それ以外は見ない。

だが、夜の山道を歩くのに、小さい文字を読むような解像度の高さは必要ない。細部を見すぎるよりも、全体を大まかに捉えるほうが重要だ。そのためにはなるべくライトに頼らず夜目で見たほうがいい。

ライト点けっぱなしだと夜目が使えないうえに、視覚以外の感覚も目覚めにくい。それではなんのためのナイトハイクかわからない。だから最低限やるべき作法は、休むときはライトを消すことだ。山頂などでベンチやレジャーシートに座ってしっかり休憩するときはもちろん、道の傍らの石にちょっと腰掛けて休むときも、立ち止まって少し息を整えるときも、どんどん消す。そうして闇を月を、全身で浴びる。

◉夜空が見えれば無灯火で

休憩時だけではない。歩行時もライトをどんどん消していこう。「月夜に提灯《ちょうちん》」のことわざどおり、月が射している道でライトはまず必要ない。満月前後はとても明るいが、満月の十分の一の明るさしかない半月の光でも申し分のない明るさだし、三日月に近くても明るさを感じる。また、月が雲や霧に隠れていても月夜は闇夜に比べると明るい。

都市に近い山では、街明かりが大気中に散乱して夜空全体を明るくしている。これをスカイグローという。夜景の光が直接見えなくても、夜空が見える道では、スカイグローで街明かりが巨大な間接照明となって、夜目なら足もとがそこそこ見えるので、無灯火で歩けてしまう。あいにくの曇り空で星明かりすらなくても、街明かりが雲に反射して、よく晴れた闇夜よりも明るくなる。さらに雪が積もって雪明かりまであるとライトの出番はほぼない。

離島の山まで行けばスカイグローがほぼないほんとうの闇夜があって、星明かりがわずかに道を照らすだけだが、本土の山のほとんどは都市に近いといえるので、スカイグローの明かりだけで結構歩ける。つまり、月夜であれ闇夜であれ、晴れであれ曇りであれ、夜空さえそこそこ見えている道ならば、ライトの助けはほとんど必要ないのだ。

◉森の中を蛍になって歩く

冬枯れの森でも当然、ライトは要らない。だが、さすがに木々の葉がよく繁った森を闇夜に無灯火で歩くのはかなり厳しい。

木漏れ月の森の中は得もいわれぬ美しさだが、月の光が地面にまだら模様をつくるので、道がわかりにくい。下草のほとんど生えない荒れた植林などでは、ただでさえわかりにくい道筋が月の光に惑わされてよけいわかりにくくなり、迷いやすい。だから月夜であっても森の中はライトが必要だったりする。

また、スカイグローがほぼない離島では、夜空が見える道でもやはり無灯火というわけにはいかない。星明かりの簡易舗装の道であれば路面がボーっとなんとか見えるが、土の山道は星明かりだけではなかなか厳しい。雨上がりで土が濡れていると土の色が暗くなるから、さらに厳しい。曇って星明かりもなければさらにさらに厳しい。

そんなときにおすすめしているのが、「蛍歩き」と名づけたライトの使いかただ。

この先はもうライトなしでは無理だというところに来たら、そこでほんの一瞬だけ暗めの懐中電灯を点け、道の前方を照らしてすぐ消す。そしてライトの光なしで歩くと、一瞬見えた道のようすの記憶だけで歩けてしまう。平坦な道や傾斜が緩い道ならそれで五〜十メートルほど闇を歩けるので、そこでまた一瞬だけライトを点けて消す。そしてまた闇を歩き、また一瞬点けてまた闇を歩き……をくり返す。

そのようすをハタから見ると、まるでゲンジボタルかなにかが明滅をくり返して進んでいるように見えるので、蛍歩きと呼んでいる。

五〜十メートルという距離は気にしなくていい。傾斜がキツめのところでは二、三メートルも歩けばまたライトを点けたくなる。何メートルごととか何秒ごとなどと考える必要はなく、自分が不安になったときにそのタイミングで点ければそれでいい。

この方法なら、道を全部照らしつつもほぼ無灯火で歩ける。暗順応した目を保持したまま真っ暗な森を歩ける。暗順応の完了まで三十分から一時間かかるのに対して、明順応はあっという間で、数十秒から一分で完了してしまう。だが、懐中電灯を一瞬使ったくらいでは明所視にもどらない。

両脇がブッシュっぽい山道を蛍歩きすると、懐中電灯の光に小さい夏虫たちが一瞬照らし出されて、はらはらと舞うのがいい感じで、ふだんは嫌ってしまう蛾と、夜山では友だちのような気分になれる。

◉蛍歩きから完全無灯火登頂へ

蛍歩きは「蛍に見える歩きかた」だが、同時に「蛍が見える歩きかた」でもある。ナイトハイクをしていると、道端でよく陸棲の蛍の幼虫が密やかに光っている。しょっちゅうあることで珍しくもなんともないが、それでもその光に出会うと毎回、深い闇の中で微《かす》かに光る命の美しさに感動して、飽きることがない。

蛍歩きをしていれば、その微かな光をたやすく見つけられる。だが、ライトを点けっぱなしで行く手を明るくしまくって歩いていると、かんたんに見落としてしまう。光るきのこもまたしかりだ。

ところで、陸棲の蛍の光を見つけたと思ったらすぐ見えなくなることがある。そのときは、視点をいろいろ変えてみる。草の陰や落ち葉の下など、死角に移動することがよくあるからだ。

ナイトハイクのツアーで蛍歩きを教えても、すぐに慣れることができず、結局ライトを点けっぱなして森を歩く人は少なくない。だが最初はそれでもいい。

　私自身、夜山にハマったばかりのころは、ライト点けっぱなしで懐中電灯にすがるように歩いていた。ナイトハイクを重ねるうちに徐々にライトに頼らなくなり、自然に蛍歩きになった。その後もさらにライトを使わなくなっていき、近年は、頭上を木々の葉が覆う闇夜の森の中であっても、林道やよく整備されたハイキングコースなど足もとが安全な道や、よく知っている道は、無灯火で歩くようになった。月夜はもちろん闇夜でも、完全無灯火で山頂まで登ることも多くなった。

　私が案内する闇歩きツアーも、無灯火で歩くことが多くなった。たとえば晩秋の奥武蔵の多峯主《とうのす》山から天覧《てんらん》山へのナイトハイクでは、九人の参加者全員が、登り始めから下山までの全行程を完全無灯火で問題なく歩いた。

　完全無灯火で森を歩くともうほんとうに闇に溶け込んだ気分で、闇を全身で満喫できて最高に心地いい。だが、どんなに足もとが安全そうでも、唐突になにかがあるかもしれないし、どんなに慣れ親しんだ道でも突然路肩が崩れていたりもする。だから完全無灯火はよほどナイトハイクに慣れてからやるべきだ。私が頻繁にそうするようになったのは、夜山にハマって二十年以上経ってからだと思う。

　完全無灯火登頂は決して目的とすべきではない。目的にすると、ライトに頼りたいと思う場面でも無理をして使わなかったりする。無理は絶対してはいけない。目的にするのではなく、結果として完全無灯火登頂だったら、にんまりすればいい。

◉闇弁と闇飲み

山上で弁当を広げるときはアンティークなランタンを灯して……などとはもちろんならない。食事中も基本、ライトは使わない。闇弁を楽しむ。

私たちはふだん、かなり目で食べているので、闇の中でなにも見えないまま口に運ぶと、出合い頭感がスゴい。眺めのいい山頂で弁当の輪郭がある程度見える中で食べても楽しめるが、木々の葉が繁る森の中ではほんとうに心の準備がなさすぎておもしろい。

崎陽軒のシウマイ弁当を不用意に食べていて、あんずをかじったときは衝撃的だ。シウマイ弁当にあんずは要らないという人も結構いるようだが、闇弁的にはあんずがあったほうが絶対楽しい。

視覚情報が一切なくなると、触覚と嗅覚にかなり頼って食べるようになり、そして味覚に集中する。聴覚も使う。視覚以外の感覚を総動員してとても丁寧に味わう。美味しいものはより美味しく、不味いものはより丁寧に不味くなる。

よく見ないで適当に買った弁当を広げると、口に入れてじっくり味わっても、なにを食べているんだかよくわからないことがあって楽しい。連れがいるときは、お互いの弁当を用意し合うのもおもしろい。「なんだこれは」と考えながら、丹念に味わえば味わうほど、ますますわからなくなったりする。

　同様に、お互いの飲み物の一部を用意し合って、なんだかわからずに闇飲みするのもいい。ふつうに市販されている飲み物でも、なんなのか当てるのが結構難しかったりするが、独自にミックスすると当てるのは非常に難しい。

　静岡県掛川市の山でナイトウォークのツアーをしたときは、市販のコーヒー、オレンジジュース、烏龍茶、緑茶の四種をいろんな掛け合わせでミックスし、参加者に利きドリンクをしてもらった。するとだれかが「きな粉の味がする」と言い出した。

　冬のナイトハイクでは、眺めのいい山頂での闇弁は避けたほうがいい。眺めがいいということは吹きさらしで、一際高い場所で気温が低い時間帯だから、寒くて食べることに集中できなくなる。森の中で闇を満喫しながら食べるのがいい。

　コンビニで売っているおにぎりには、のりとシャリを分けてパックし、食べるときに三段階くらいの手順を踏んでのりとシャリを合体させるタイプのものがある。ナイトハイクに慣れないうちは、よく考えずにそれを買ってしまって、闇の中で手探りでうまく開けられず難儀した。闇弁にあのタイプは不向きだ。あえて挑戦するならそれもありだが。

　闇弁を楽しんだら、歩き出す前に、このときばかりはしっかり懐中電灯を使おう。自分のいたあたりを丁寧に照らし、忘れ物、落とし物がないか、よく確認する。

◉賽銭が闇を守る

霊山の登山口などには鳥居があるが、そこでまず、鳥居の中央を外して足をそろえて立ち、一礼してから潜《くぐ》る。何教徒だとか無神論者だとかは一切関係ない。山と闇に対して謙虚に歩くための気持ちづくりとして頭を下げる。なんなら鳥居がなくても、登山口で一礼してから闇に入るのもいい。

山の麓や山中に神社やお堂を見つけたら、あるいは登り始めて山の神の祠などを見つけたら、すかさず賽銭して「お邪魔します。よろしくお願いします」と、心で、あるいは声に出して挨拶しよう。山寺があったらもちろんお寺にも賽銭だ。山を愛する人ならそういう気持ちに自然になると思うのだが、ならないようなら考えを変えたほうがいいと思う。

山の麓の神社（里宮）や山中・山上の神社（山宮、奥宮）は、その山と闇を守ってくれている。守るためには当然お金がかかる。労力もかかる。いわゆる里山の低山は、自治会など麓の住民やボランティア団体が定期的に登山道を整備して維持していることが多い。里山の神社も地元の自治会（氏子たち）がお金を出し合って維持していることが多い。神社などへの賽銭は、そのことに対する敬意と感謝の気持ちでもあり、投げ銭形式の入山料だと捉えよう。

テーマパークで遊んだりするのに比べて、ハイキングはほとんどお金がかからない。道具代はある程度かかるが、低山ハイクなら大してかからないし、道具は使い回せる。それでもデイハイクなら、下山後に温泉に浸かったり店に入って一杯やったり食事したりおみやげを買ったりで地元にお金を落とせるが、ナイトハイクの場合、時間帯的に地元にお金を落としにくい。自販機で飲み物を買うくらいしかできなかったりする。だからナイトハイクではなおさら賽銭を奮発したい。賽銭が闇を守る。いっそ、神社もなにもない山でも登山口に賽銭箱を設置してほしい。

ちなみに少なくとも日本の硬貨は、少し慣れれば見なくても手探りだけでそれが何円玉かわかるようになる。いちいちライトで照らさずに賽銭したい。

◉静かに街を歩き、いきなり休む

田舎の夜は早い。ふつうは二十時や二十一時にはもう深夜のように静まり返る。夜の町は大声を出さずに静かに通り抜けよう。懐中電灯は闇に入る前に取り出しやすいポケットに入れ、ペンダント型のライトを首から下げて、いつでも点灯できるようにしておく。

アプローチからすでに街灯がなくなって暗い道路を七分以上歩くのであれば、なるべくライトに頼らずに登山口まで行く。その間に暗順応が進む。暗順応が完了するには三十分から一時間かかるが、七分ほどで一応、夜目といえる状態になる（ただし、歳をとると暗順応の進行が遅くなる）。

登山口まで街灯が続く場合は、登山口に着いたら闇の山道を眺めながら、闇のとば口でいきなり七分以上休憩する。なんならレジャーシートを敷いて少し腹ごしらえしてもいい。そうして、目だけでなく五感のすべてと心を暗順応させてから登山道に入っていく。

都会近郊の山は、山際を宅地がどんどん侵食している。しかも、農家のようなゆったりした土地の使いかたではなく、狭い区画にギチギチに家を建てる。その脇をすり抜けるように登山道が始まるところもある。

できればそういうコースは予《あらかじ》め避けたい。しかたなく通る場合、闇の森に静かに入って数分ほど蛍歩きしたところで休み、体と心を闇に慣らそう。

◉舗装林道上等、大の字休憩と露天パワーナップ

デイハイクでは林道歩きは嬉しくない。とくに舗装された林道をトレッキングシューズで歩くのは足が疲れるので嫌だし、林道は急勾配にしないから、登山道よりずっと遠回りになってうんざりする。だから、林道も登山道もどちらも選べるときは迷わず登山道を選ぶ。

ところが、ナイトハイクでは舗装林道歩きがメチャ楽しい。暗くても足もとに不安がほとんどないから無灯火で歩けて解放的な気分になるし、夜間に車が通ることはまずありえないから、路面に直接、仰向けに大の字休憩して闇を浴びると最高だ。万一、車が来ても音と光で早々に気づくから問題なく退避できる。

登山道も林道も両方歩くようにコースを設定すると、閉と開、緊張と弛緩の変化があって楽しい。

簡易舗装だと路面がガタガタの場合もあるので足もとに注意しよう。ダートの林道も状況しだいで無灯火でいける。ただし、轍《わだち》がえぐれていることもあり、無理は禁物だ。

夜山は自由だ。大の字休憩は昼山では気安くできないが、夜山なら舗装林道にかぎらず、森でも眺めのいい山頂でもどこでも、気に入った場所で気軽に寝っ転がれる。

土が湿っていなければ直接寝っ転がってもいいし、百均のひとり用レジャーシートを敷いてもいい。九十センチ×六十センチなので寝っ転がると体がシート上に収まらないから、縦に二枚敷いてもいいが、脚などが盛大にはみ出ても一枚で充分だ。大の字休憩は目を開けても閉じてもどちらも気持ちいいので両方やる。

夜通し歩くときは、大の字休憩で目を閉じたらそのまま十～二十分ほどうとうとと眠ると、眠気が取れてだいぶ楽になる。ナイトハイク中にこういう露天パワーナップを一、二回するといい。眠れなくても横になって目を閉じているだけでも楽になる。

さらにいうと、寝転がらなくてもいい。夜山はただでさえ道がわかりにくいうえに、ガスるとほんとうに道がわからなくなる。ルートファインディングで脳がとても疲れて、途中で脳を休ませたくなる。そんなときは登山道上で座って、ほんの数分、目を閉じる。それだけでずいぶん休まる。

闇夜の森の中で、目を開けても閉じてもほぼ変わらないほとんど真っ暗闇であっても、目を閉じると休まる。瞼を閉じるだけでなにかのスイッチが確実にオフになる感じだ。積雪などで大の字休憩しづらいときにもいい。

だが、夜通し歩くとき、最も大事なのは事前の睡眠だ。たとえば土曜の夜に歩くなら、金曜はなるべく夜更かしして土曜はなるべく遅く起きる。出発前に時間があれば、ほんの少しでもいいから仮眠する。眠れなくても焦らなくていい。横になって目を閉じるだけでもいい。電車やバスの中で眠れるなら眠る。これも目を閉じるだけでもいい。

車で行くなら、登山口の近くに駐車したらすぐには車から出ずに、シートを倒して車内でいったんパワーナップしてから出発する。

日曜の朝、家に帰ったら朝風呂して、その気力がなければ足だけでも洗ってモーニングビールでも飲んでいったん寝て、夕方起きてもきっとまた眠くなるから夜中に再び寝れば、月曜の朝からもとどおりの生活リズムになる。

●目指すはピークでなく闇

デイハイクばかりしていたころの私は、ひたすらピークを目指した。どんなに小さく知られていないピークでも見逃さず、なにがあっても絶対に巻かないでピークハントしまくった。一日のうちに一座でも多くのピークを踏もうと、がむしゃらにアップダウンをくり返した。

ナイトハイクに目覚めてからもしばらくの間は、ピークハントにこだわり続けた。より遠くのより高い山に登りたくて夜行日帰りの登山をくり返した。いわゆる「かもしか山行」だ。夜中から歩き始めて夜が明けて、昼も歩き続けて下山しているうちに日が暮れたこともあった。

日本人はすでに室町時代後期から、富士山をはじめとした霊山のナイトハイクを楽しんでいた。ナイトハイクは実は、中世から連綿と続いてきた日本の伝統的なハイキングスタイルなのだ。

かもしか山行とは、加茂鹿之助式夜行日帰り山行の略だという。加茂鹿之助（中村謙）は、昭和の戦前から戦後にかけて、山のガイドブックの執筆で知られた登山家。かもしか山行は、夜中に登る富士登山の様式を近代的山登りに持ち込んだものだと自身で説明しているが、宮沢賢治が一九二二（大正十一）年に書いた詩「東岩手火山」や志賀直哉の『暗夜行路』などを読めば、信仰登山から近代的山登りへの移行の中で、夜の山登りの伝統が自然に受け継がれていったことが見えてくる。『暗夜行路』では、主人公の時任謙作は単なる山登りとして、案内を頼んで午前〇時から伯耆大山《ほうきだいせん》の頂を目指す。たまたま同行した若い会社員のグループは白装束でなく洋服に地下足袋だが、大社詣の帰りだといい、「六根清浄《ろっこんしょうじょう》、お山は晴天」と皆で唱えながら登っていく。これは一九一四（大正三）年の志賀直哉自身の体験に基づいて書かれたというが、まさに、伝統的な信仰登山が近代的なハイキングになだらかに移行していく途中、といった感じだ。

加茂鹿之助はそうした自然の流れに燃料を投下したという感じだろうが、『山と溪谷』などを通して、伝統の引き継ぎを大いに促進したと思われる。戦後昭和の山登りにおいて夜行日帰りがかなりあたりまえだったことは、この人の名を抜きにしては語れないことなのだろう。

ところが今や、かもしか山行という言葉はほぼ死語になった。というか、正直にいうと、いわゆる山屋ではない私はこの言葉を知らなかった。夜行日帰りの山登りは、平成時代に急速に廃れてしまった。それは車で行く山登りがあたりまえになったことが大きいと思う。今まで夜を徹しなければ難しかった山行でも、電車もバスも通っていない奥深くまで車で朝早く入っていけば、楽々日帰りで下りてこられる。

私は平成になってから、すでに時代遅れになりつつあった、かもしか山行的なミッドナイトハイクをくり返していた。ところが、闇行《あんこう》を重ねるうちに、ピークハントがどんどんどうでもよくなっていった。ナイトハイクから帰るとまた新たなピークを目指したくなるのではなく、また森の闇を浴びに行きたくなるのだ。

闇さえ浴びることができればあとはどうでもいい。ピークを踏まなくても全然かまわない。蛍や光るきのこなどの生物発光、天の川や流れ星や月の出などは、もちろんぜひ見たいが、それらもナイトハイクの主目的ではない。闇があってそこを歩くだけでもう充分楽しい。光りものはナイトハイクのおまけのようなものだ。野生動物の姿を見たり声を聴いたりするのも夜桜も夜梅もなにもかも、闇を豊かにする大切なおまけではあるが、まったく主役ではない。主役は森の闇だ。

ピークハントが主目的のころは、一度登頂した山には興味がなくなりがちだったが、闇が主目的になってからは、同じ山を何度もくり返し歩くのが楽しい。もちろん、初めての山も楽しい。

せっかくここまで来たのだから、なんとしても目的の山に登頂したいという気持ちはよくわかる。だが、ピークを踏むことにこだわらなくなると、登りの途中で充分満足するので、頂上がすぐそこでも無理をしなくなる。実際、登頂を取りやめて下山することは少なくない。ナイトハイクはそれでいいのだ。そうすれば、闇行の安全度も爆上がりする。

◉アクセスのいい低山ナイトハイクが基本

かもしか山行的なミッドナイトハイクをしていたころは、東京・世田谷のマンション（というかほぼアパート）などから、南アルプスやその前衛、八ヶ岳といった高山や亜高山を好んで目指した。夜行日帰りのつもりで出発して、途中で一泊二日に切り替えて山小屋に泊まったりもして、それはそれで楽しかった。

だが、気づくとそういう山を避けることが多くなっていた。亜高山や高山を目指すと、どんどんしたくがたいへんになっていくし時間がかかっていくので、正直言ってめんどくさい。そういうめんどくささをものともしないスゴい人もいるが、私を含め、人間は基本的にめんどくさがりだ。

もちろん、高山にはそれだけの非常に強い魅力がある。海外もそうだ。だからめんどうでも行くときは行く。でも、夜の低山には、高山や海外と同等もしくはそれ以上の非日常性がある。しかも大したたくをしなくても、思い立ったその日にかんたんに行けてしまう。

高山へ行くには時間も金もかかるので、どうしても期待値が上がってしまう。それに比べて低山は格段に期待値が低いのに、夜登るだけで強烈な体験ができる。低山は日常と近いところにあるがゆえに、そのいきなりの非日常が際立つ。高山は非日常に向かって時間をかけて心を慣らしてしまう。日常とのギャップを強く感じるのは、高山よりもむしろ低山のナイトハイクだと思う。

都市から高山へしょっちゅう行くのはたいへんだが、夜の低山へは行こうと思えば毎晩行ける。この非日常性に対してこの手軽さはとんでもない。

それに、高い山は登りも下りも時間がかかるから、下りは夜が明けてから長々と歩かなくてはならない。闇を歩いたあとの日射しは吸血鬼のように辛い。低山なら夜が明けないうちに下山することもできるから、吸血鬼も安心だ。

高い山をあまり目指さなくなったのには、もうひとつ大きな理由がある。高い山の上には山小屋やキャンプ場があり、夜間も人の気配がある。デイハイクでほかの登山者と触れ合うのはそれはそれで楽しいが、ナイトハイクでせっかく人間世界から離れて闇の森に入って、だれもいない闇を登って登ってようやく着いた先に人がいるのは、なんか違う。

高山や亜高山だけでなく、東京近郊では標高一〇〇〇～一五〇〇メートルあたりから山小屋がある。そこでは山の独占感が味わえないし、登山客が寝ている時間だったりするので、迷惑にならないよう、夜のアプローチみたいに気を遣う。一番解放感を味わえそうな場所で、そそくさとしてしまう。最も遠くまで来たところで振り出しにもどったような気分になる。日常に引きもどされる。

海抜〇メートル以下の富士塚（私は「ゼロメートル富士」と呼んでいる）から三七七六メートルの富士山まで、いろんな高さの日本の夜山を登ってきたが、結局最もリピートしたくなるのは六〇〇～一五〇〇メートルの低山で、とりわけ、山小屋がギリギリないくらいの、標高一一〇〇～一二〇〇メートル程度のアクセスのいい山なのだった。そのあたりが一番、日常から遠くなるのだ。アクセスのよさは大切だ。アクセスがよければよいほど日常とのギャップに震える。

昼山に登っていれば自然に、より高い山へと向かっていく。森林限界を越えてこそ登山という気持ちになっていく。だが、夜山のメインはそんな雄大な展望ではなく、闇の森だ。いっときの展望も大事だが、それは満天の星や蛍やなんやと同じで、素晴らしいおまけに過ぎず、決して主目的ではない。闇の森に入りさえすればいいのだから、低山で充分なのだ。

◉ピストン登山で種明かし

若いころはピストンが大嫌いだった。同じ道を登って下りたらたくさんのピークを踏めないし、同じ道だからつまらないと思った。だが、登りと下りでは景色の見えかたも聞こえかたもまるで違うし、時間帯が違うから闇の表情が違う。

それはデイハイクでも同じだが、ナイトハイクのほうが登りと下りの違いが格段に強く感じられる。あまりに違いすぎて、下りの途中で「こんなところ、通ったっけ？　道を間違えたかな」と不安になることもあるくらいだ。

そう感じたら当然、立ち止まって地図を見て確認しないといけない。でも、道を間違えていないのだ。さっきほんとうにこの道を通ったのか……と不思議な気持ちになる。

オールナイトハイクやミッドナイトハイクのピストンで、山頂でご来光を拝んでから下ると、登りは夜の闇で下りは朝の光だから、ほんとうにまったく別の道だ。種明かしをしてもらったような気分になる。実はこんな道だったのかと驚く。

車で登山口まで行くと楽でいいが、そこにもどってこなくてはいけないのがめんどうだ。だが、ナイトハイクではピストン上等なので、その意味で夜山はマイカー登山向きといえる。

◉かもしれない歩行でしっかりビビれ

いよいよ夜山の闇に入ったら、なにより滑落に注意する。だれもが気軽に歩く整備されたハイキングコースでも、道の端がいきなり崖になっていることは多い。街中では考えられない絶壁にフェンスもなんの警告もないのがあたりまえだし、道の谷側が崩れていることは多い。谷側がえぐれて道に落とし穴が開いたような形になっていることもある。

昼間なら危険なのは見ればわかるし、高さに対する恐怖心で自然に崖から離れて歩くから問題ないが、夜は崖の下が見えないからどれほど危険かよくわからず、恐怖心も湧かないので油断する。危ない崖際に親切に柵が設けられていることがあるが、安心して柵に身を預けると、柵が腐っていたり、柵の根もとが崩れていたりしてぐらつき、もっと危ない。山腹を歩くときは、なるべく道の山側を歩き、谷側を歩かないようにする。柵や鎖やロープなどがあっても信用しない。

闇を歩き続けてよく見えないことに慣れてくると危ない。蛍歩きも慣れるとほとんどライトが要らないように思えてくるが、調子に乗ってはいけない。少しでも足もとに不安を覚えたら、たぶん大丈夫だろうと油断せずに、ライトを点けて確認する。「だろう歩行」でなく「かもしれない歩行」を心がけよう。

◉速く歩き、長く留まる

ハイキングのガイドブックには、「山は一定のペースで歩け。そうすれば疲れない」「休みすぎるとかえって疲れる」などと書いてある。たしかに、速く歩いたり走ったり、急に止まったりをくり返すと疲れる。

だが、そんなものはクソ食らえだ。

疲れたくなければ、最初から山など歩かなければいい。むしろ疲れたいからこそ山を歩くのだ。

いくら疲れたっていいではないか。疲れたぶんだけ休めばいい。

それに、ナイトハイク中に景色に見惚れながらも止まらずに歩き続けていると、暗くて足もとに目が行き届かず、ヘタすれば滑落して死にかねない。

私は実際、梅雨のド深夜、雨と濃霧の高尾山四号路で、見事に張り出した木の根っこに見惚れているうちに、たぶん五、六メートルほどだが滑落したことがある。差していた傘が複雑骨折して身代わりになってくれたおかげで私自身は無傷だったが、「たかが高尾山」とナメた気持ちがあったことは否定できず、猛省した。景色に見惚れるときは、いちいち立ち止まって足もとを確認するのが鉄則だ。ペースより命が大切だ。

疲れて少し休むときは座るとよけい疲れるので、立ったまま休めという。たしかにそうだと思うが、闇の中では足もとがロクに見えないので、立ったままでは足もとのものに気づきにくい。光る葉しかり、ミョウガの花しかり。だから、ときどきしゃがんだり座ったりして視点を低くしたい。そうすると聴点や嗅点も低くなるので、全然違う世界を感じることがある。

ペースを変えよう。どんどん休もう。座っちゃおう。休みすぎよう。長く休んでいるうちに夜が明けてしまったとしても、その間、たっぷり闇を楽しめたわけだから、それはそれでいい。それに、疲れれば疲れるほど違う世界に行ける。たいがいのメルヘンや怪談、奇譚は、歩いて歩いてくたくたになったときに生まれるものなのだ。

そしてなにより、闇を速く歩く（あるいは走る）かジッと留まると、自分と闇が一体になりやすい。闇に親しみやすい。

闇を駈けるように歩くと、自分と闇がグングン攪拌されてよく混ざり合う感じになる。夜を愛した宮沢賢治も山を駈けるように歩いたという。逆に闇の中でジッと留まると、闇が自分にじわじわと沁み込むような、自分が闇にゆるゆると溶け出していくような気分になる。『暗夜行路』の志賀直哉はこっちだ。この、闇と一体になって自分が消えていくようなちょっと恐ろしい至福感こそ、擬死なのだ。

とはいえ、一定のペースこそが心地よい人は、わざわざ自分のペースを乱す必要はない。なにがいいかは結局、自分に訊けばいい。自分が心地よければそれでいい。

◉深夜の稲魂見物は屋内でぬくぬくと

雷雨には充分注意しよう。落雷の危険は一年中あり、日本海側では冬に雷が多いが、太平洋側ではとくに盛夏の午後、夕方あたりに雷雨が多い。だから、盛夏の宵あたりまでのナイトハイクはなるべく避け、ミッドナイトハイクにすれば落雷のリスクが下がる。

だが、深夜の雷雨もある。夜中も大気の状態が不安定だという予報なら、思い切って闇行を取りやめたほうが賢明だ。流星雨のように次々と雷が落ちる夜は、眺めのいいところで稲妻（稲魂《いなだま》ともいう）を観賞すると、その派手さ、美しさと音の迫力は花火大会以上で、まったく飽きることがなくずっと見入ってしまう。極上の天のイベントだが、そんなことをナイトハイクしながら山上でやるのは恐ろしすぎる。絶対にやってはいけない。安全な屋内でぬくぬくと、灯りを全部消して稲魂見物しよう。

もしナイトハイク中に運悪く暗雲や微かな雷鳴、冷たい風など、雷の気配を感じたら、近くに避難小屋や公衆トイレなどの建物（四阿《あずまや》はダメ）があればその中に避難して、壁から一メートル以上離れる。それが無理なら、木の下は側撃を受ける危険があるから、枝先から最低二メートル離れよう……などと言っても、森の中では木から離れることなんてほとんど不可能だ。だが、雷は森の中のより高い木に落ちやすいから、大木に近づかなければ木のない山上よりはだいぶ危険度が低い。

木のない山上では、突っ立っていたら木でなく自分が直撃の標的になる。だから、窪地など少しでも低い場所で、傘は差さずに頭を低く足を閉じて耳を塞いでしゃがみ、じっとやり過ごすしかない。だが、激しい雨に打たれて体を思いきり冷やしながらじっとしているなんて最悪だ。雷の気配を五感やアプリが察知した時点でとっとと森へ下って、大木のそばで休まずに下れるだけ下って、できれば建物や車の中に避難する。あるいは電線のある道に出れば、電線が避雷針的役割を果たすので危険度は非常に低くなる。

雷だけでなく、厳しい天候には抗わないようにしよう。たとえば火口壁の上など吹きさらしの山上で強風が吹いていたら、無理して進まない。無理をすれば高い確率で事故が起こる。無理せずに退散すれば、それはそれでいい思い出になる。

◉下りと朝こそ慎重に

ミッドナイトハイクでは、最も冷える時間帯に吹きさらしの山頂で長居することが多い。徹夜で登って体がとても疲れている中、体がどんどん冷えていく。だから、山頂に着いた途端にとっとと着込む。寒いなと思ってから着込むのでは遅い。

長い休憩を終えて下山するときは、疲労した脚の筋肉が冷えている状態だから、不用意に歩き出すとデイハイクより脚を痛めやすい。脚のストレッチをひととおりやってから歩こう。リズミカルにやらず、じっくりゆっくり動かす。登る前のウォームアップも大切だが、それは登山口に着くまでの間に自然にある程度できている。下る前のウォームアップのほうが大切だ。必ずやろう。脚が攣りやすい人は、スポーツドリンクなどでハイキング中の塩分（ミネラル）の補給も忘れずに。

夜山では足もとが見えにくいから、足を滑らせたり躓《つまず》いたり捻ったりして怪我しやすい。とくに下りは見えづらい。人間の目は足よりずっと上にあるから、登りのほうが下りより、目から二、三歩先の地面までの距離が近い。だから登りのほうがこれから足を置く地面が見えやすくて、歩きやすい。下りの二、三歩先の地面は足よりかなり下にあって、目からとても遠い。

登りで転ぶことはあまりないし、転びそうになって前に手をついても大した怪我にはならない。前に手をつくのは動物として自然な体勢で、無理がなく安全だ。だが、下りは滑って転んで結構な怪我をしやすい。下りで滑ると前に手をつけず、動物として最悪な体勢になる。下りで滑って地面に肘をついたらそこは石で、肘をひどく痛めたことがある。骨にヒビが入ったのだと思う。二、三ヶ月ほど痛めていた。丸太で足を滑らせて、手をついて手首をひどく痛めたこともあった。

だから足を滑らせたら手や肘をつこうとせずにすんなり尻餅をつくのがいい。と思ったら、ミッドナイトハイク終盤の石段の下りで足を滑らせて臀部を強打し、これまた二、三ヶ月ほど、その部分がとんでもなく痛かった。尾骶骨を骨折していたのだろう。

結論としては、そもそも滑らないように丁寧に下るのが一番だ。岩や丸太や木の根の上にはなるべく乗らずに、乗らなくてはいけないときは足裏で感触を確かめながら慎重に体重をかけていく。闇行計画の段階で、下りで滑りやすそうな道は避けられるなら避けるとさらにいい。

ミッドナイトハイクやオールナイトハイクでは、明るくなった朝方のほうがむしろ怪我をしやすい。私が臀部を強打したのも明るくなってからだった。疲れと眠気と見えることでの油断が重なって、雑に歩いてしまう。夜が明けても安心せず、慎重に下ろう。連れがいたら、連れにも注意を促す。気を抜きたいときは、足を止めて気を抜こう。

◉迷いかけたらすぐ引き返す

道迷いにはデイハイク以上に気をつけなくてはいけない。夜山では道の先が見えづらく、また、昼間なら見落とすはずのない道標をかんたんに見落とす。昼間は赤が目立つからコースサインとして赤布やピンクのテープが使われるが、これが夜はまったく目立たない。だからとても迷いやすい。

歩き始めた途端に迷うことも珍しくない。あきる野の戸倉城山で、西戸倉の登山口からわずか三メートルほどで道標を見落として迷ったこともある。昼間では絶対ありえない。

暗いととくに、ひらけた明るいほうへ行ってしまって迷うことが多い。箱根の千条《ちすじ》ノ滝から鷹巣山への登りで、同じところで一度ならず迷った。細い道を外れてひらけたガレ場的な斜面を登ってしまい、道がわからなくなる。登りだから上に向かうだろうという思い込みも視野を狭める。おかしいと思ってもどってみると、昼間なら絶対迷いそうにない、明らかに正しいとわかる道が続いている。

とくに沢が絡むと道はわかりにくくなる。沢を渡渉した先に道が続いている場合、その渡った先の道が暗くて見えず、沢を渡らずに沢沿いを歩いてしまって迷う。沢筋を歩くときはつねに沢の向こう側を意識しよう。

歩いていて妙に地面がやわらかすぎると感じたり、藪っぽくなったり、道が不明瞭になったりして、ちょっと不安になったらすぐ立ち止まる。周りをよく見て地図で確認する。そしてコースを外れたかもしれないと思ったらすぐに引き返してみる。そうするとすぐに解決することが多い。不安なままさらに進んではいけない。それが一番大切だ。そうすれば大事に至ることはまずない。

ふだん使いの暗いライトではわかりにくかったら、明るいライトを取り出して、しっかり周囲を照らしてみる。分岐でどっちに行っていいかわからないときは、道を振り返り振り返り、今来た道をしっかり確かめながら先へ行ってみる。違うかもしれないと思ったらやはり早めに引き返す。

夜は道を見失うだけでなく、人も見失いやすい。グループでナイトハイクをすると、なにしろ暗いので、森の中でお互いが少し離れただけでどこにいるのかよくわからなくなる。そんなときはライトを使って自分の位置を知らせるが、ついつい相手に向かってライトを照らしてしまう人が多い。

しかしそれは、相手にはまぶしくて迷惑この上ない。まれにナイトハイクでほかのハイカーに出会ったときも、相手はついついこちらを照らしてくる。一瞬だけならまだしもまじまじと照らす。ヘッデンを装着していると、相手を見るだけで自動的に相手を照らす。照射とはまさに照らして射ることであり、暴力に等しい。

相手に自分の位置や自分の存在を知らせるときは、相手にライトを向けるのではなく、自分の体あるいは足もとを照らすのが作法だと心得よう。

第四章

夜山の心じたく

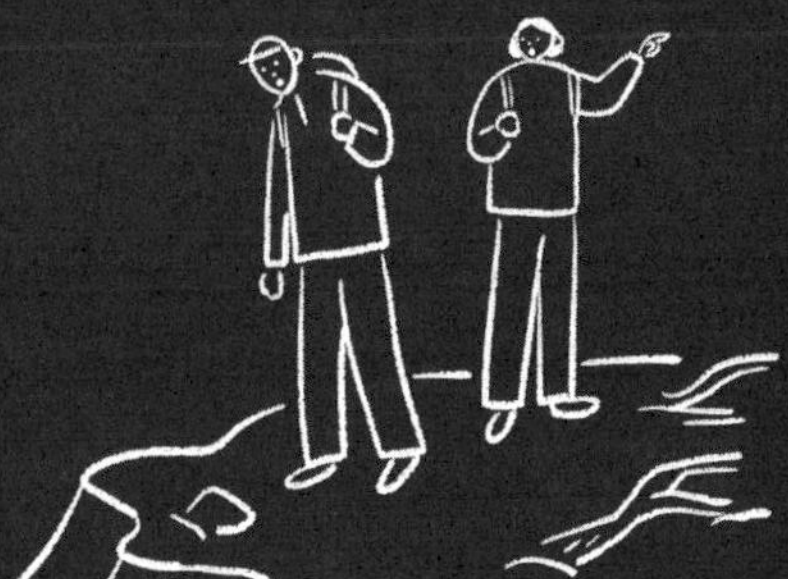

●まず自分を下ごしらえする

ナイトハイクを楽しむのにまずやるべきことは、ひたすら昼の山を歩き回ることだ。

この本を読もうと思うような人は、すでに昼山を登ってきた人が大半だろうから、この条件をクリアしていると思う。だが、もしあなたやあなたの仲間がデイハイクに慣れておらず、それでもソロや仲間内でナイトハイクをしたいと思うならば、最低でも一年は昼山に登ろう。飽きるほど登りまくるのが望ましい。ハイキングの指南書もいろいろ読む。

私自身、夜山にハマる前に昼山を散々歩いた。高校時代から十五年以上、丹沢をはじめとした昼山を歩き回ったし、夜山にハマる直前は昼山を執拗にピークハントしまくった。ナイトハイクの準備としてデイハイクをしたわけではないが、結果としてそれが極めて重要だったと実感している。その経験なくして夜山に登るのはあまりに無謀だ。

昼山をよく知らず、それでもすぐにでもナイトハイクをしたいのならそれはそれでいいが、その場合は必ず、ナイトハイク経験がそれなりにある人に連れていってもらおう。そういう知り合いがいなければ、ナイトハイクのツアーに参加するのが手っ取り早い（ただし、ヘッデン照らしっぱなしのツアーかもしれないので注意）。

昼山を歩きまくって、山というのはどういうところなのかをまず知る。どんなふうに起伏があって、どんなふうに草木が生えて、獣はどんなサインを残すのか知る。登山道、ハイキングコースはどんなふうに続いていて、どんなふうに分かれ、合流し、道標がどんなふうに立ち、どんなふうに整備され、道の傍らはどんなふうに切れ落ち、豪雨のあとやあまり歩かれない道はどんなふうに荒れ、作業道や樵道《きこりみち》（杣道《そまみち》）、獣道はどんなものなのか、ダートの林道はどんなふうに轍がえぐれているのか知る。

装備も道具の使いかたもほとんどがデイハイクと同じだから、まずはデイハイクでいろんな道具に慣れておくのが大切だ。そうしないと闇の森でとんでもなくまごつく。

◉昼の街で蛍歩き

山に慣れておくだけでなく、闇に慣れておくことも重要だ。私は夜、なるべく電気を点けずに家の中をうろつくようにしている。勝手知ったる自分の家だから、見えなくてもだいたいいけるが、家族が床に置いたなにかにぶつかることもあるし、階段を下りるとき、これが最後の一段かまだもう一段あるか、何回経験してもそこはわかりにくく注意を払う。

夜の散歩がほぼ日課になっているが、これもなるべく暗いところを見つけて歩いている。街中でも案外、驚くほど暗い道はある。

そのほうが心地よいからそうしているだけだが、結果としてトレーニングになっている。暗い道は防犯的に問題があると思うかもしれないが、ほんとうに暗い場所は犯罪者はあまり近寄らない。犯罪者が安心して行動できる半端に暗い場所のほうが危ない。

蛍歩きに慣れない人、どうもしっくりこない人は、昼間や明るい夜の街で蛍歩きの練習をするといい。ライトは必要ない。

街でもどこでも道の先を見てすぐ目を閉じる。両目を閉じたまま記憶を頼りに歩く。不安になってきたら目を一瞬開けて道の先を確認し、すぐ目を閉じてそのまま歩く。これをくり返すと蛍歩きの感覚をよくつかめる。目を瞑《つむ》ってなにも見えない状況でも、一瞬見た前方のようすの記憶だけで歩けることがよくわかるだろう。

蛍歩きに慣れてくると、ライトを点ける頻度がどんどん低くなっていく。やがて、ほぼ真っ暗なところ以外なら、ほとんど難なく無灯火で歩けるようになる。

◉天の予定を知る

ナイトハイクの予定を立てるうえでまず調べるべきことは、日の出入り時刻、月齢などの天の予定だ。とくに月齢は重要だ。その夜がどんな夜になるかは、天気と月でおおかた決まる。まずおすすめしたいのは新月（月齢〇）の前後、闇夜のナイトハイクだが、満月の前後のムーンライトハイクもいい。

月齢が重要といっても、小数点以下の正確な月齢を知る必要はない。その日が旧暦（太陰太陽暦）の何日になるのかがわかれば、おおまかな月齢がわかるからそれで充分だ。旧暦の一日《ついたち》は月立《つきた》ち、新しい月が立つ日だから新月（朔）で、旧暦三日は三日月、旧暦十五日の夜、十五夜あたりが満月（望）になる。

ふだんから旧暦に親しんでおくといいが、覚えておく必要はない。ウェブやスマホのアプリでかんたんにチェックできる。ネットやスマホのおかげで、一時よりも旧暦が身近になった。

旧暦を表示するアプリには、今年が西暦と和暦で何年かをアイコンに表示させるものがあって、これが意外に便利だ。「今、何年だっけ?」とちょいちょい思うのは私だけではないだろう。とくに令和になってからの和暦は、一応覚えてはいるが確認したくなる。だが、私が使っているアイフォーンもマックブックも、ロック画面、ホーム画面やメニューバーに年が表示されない。年寄りをバカにしくさっている（私は若いころからこんなだったが）。だからこの旧暦表示アプリのアイコンを結構頻繁に見て今年が何年か確認している。タイムリープした人にもやさしいアプリだ。

たわけた話はさておき、新月あたりでも満月あたりでもない夜は、月の出や月の入りを見るムーンライズハイクやムーンセットハイクを楽しみやすい。

とくに夜中の山上で拝む月の出は、もうひとつのご来光という感じで、地平線から真っ赤に光る異物が突如現れたかと思うとムラムラと膨らんで、デッカい月が登場するさまは感動的だ。ムーンセットハイクでは、深夜に沈む月が、夕焼けならぬ夜焼けという感じで暗い夜空を密かにオレンジ色に染め上げることがある。

ムーンライズハイクやムーンセットハイクは、一晩で月夜と闇夜の両方を楽しむ欲張りセットでもある。月が昇る東側や沈む西側の眺めのいい場所に、うまくその時間に着くようにスケジュールを立てよう。

その際、日暮れ（暮れ六つ、日の入りのおおむね三十五分後）までと夜明け（明け六つ、日の出のおおむね三十五分前）からは、昼間並みのスピードで歩けると考えていいが、日暮れから夜明けの間はコースタイムは昼間の五割増しにして計算する。とても暗い道をライトになるべく頼らずに歩くと、それくらいのスピードになる。

難度は上がるが、明るい惑星の出入りを山上で見るのもおすすめだ。とくに真っ赤な明けの明星が地平線の近くにフェードインする金の出（ヴィーナスライズ）は見応えがある。

日の出入り、月の出入りや五惑星の出入りの時刻と方位は、国立天文台の暦計算室のウェブサイトで調べられる。それらの南中時刻、高度や月齢、薄明（常用薄明、航海薄明、天文薄明）の時間などもわかる。ブックマークして、闇行《あんこう》計画の際は必ずひととおりチェックしよう。

ほかにも、国立天文台ウェブサイトの天文情報のページなどで、流星群の極大や惑星の情報もチェックしておきたい。また、ＩＳＳが見えるとき知らせてくれるアプリがあるが、予《あらかじ》めＫＩＢＯ宇宙放送局のウェブサイト「♯きぼうを見よう」をチェックしておくのもいい。ＩＳＳが見える日時や方角などを事前に詳しく知ることができる。

◉最後は、やみてる坊主

天気が一番悩ましい。天気予報を丁寧にチェックするしかない。ひとつのサイトやアプリに頼らず、いろいろ見比べるのがいいのはもちろんだ。当然、山の天気予報のサイトも参考にする。

あいにくの天気を楽しむのもナイトハイクだし、里山などのごく短時間のナイトウォークであれば荒天でもありだが、ふつうは荒天の予報なら潔くやめるべきだし、大気の状態が不安定な夜もやめたほうがいい。よく晴れてくれるのがやっぱり一番嬉しい。

最後は神頼み、天頼みだ。どうしても晴れてほしいときは、てるてる坊主ならぬ、やみてる坊主を吊るすのもいい。てるてる坊主と同じように白い布やティッシュをまるめて頭をつくり、それを白布やティッシュの真ん中に置いて包んで、紐や輪ゴムなどで固定する。闇夜なら星、月夜なら月を額のあたりに描けば、やみてる坊主のできあがり（と、私が勝手に決めた）。紐で軒下に吊るして、願いが叶ったら顔を描き込む。

やみてる坊主、やみ坊主、夜は天気にしておくれ。

◉終バスで世にも奇妙なミッドナイトハイク

公共交通機関を利用した闇行計画を立てるときは、終電や初電の時刻だけでなく、終バスや始バスの時刻もチェックする。

登山口へ向かう路線バスはふつう、本数がとても少なく終バスは夕方くらいだ。どこもそんなもんだろうと、ミッドナイトハイクの場合は最初からバス利用を考えなかったりする。だが、都会近郊の路線バスで登山口の近くまで行ける場合、調べてみると路線によっては意外に終バスの時刻が遅くてミッドナイトハイクに使える場合がある。

そういうバスに乗ると最初は結構人が乗っていて、勤め人が山に近いベッドタウンに帰っていったりするのだが、気づくと乗客は自分ひとりになって、なんだか『世にも奇妙な物語』の世界に入ったようなドキドキを味わえて楽しい。

たとえば西武池袋線飯能駅前から国際興業バスの名栗車庫行きは、平日は二十二時半、土日や祝日も二十二時すぎまであり、奥多摩の棒《ぼう》ノ折《おれ》山や奥武蔵の伊豆ヶ岳方面へミッドナイトハイクするのにいい感じだ。小田急小田原線秦野駅前から神奈中バスの蓑毛行きは、平日は二十二時終発、土日や祝日は二十一時半すぎに終発で、ヤビツ峠を経て丹沢表尾根や大山へ登るのにいい。ただし、バスのダイヤは結構変わるので、終発が変わっていないか、直前にしっかりチェックしよう。

◉夜山のスマホじたく

スマホによってナイトハイクは劇的に変わった。とくにスマホでのGPS利用によって、ナイトハイクの安全性は飛躍的に高まり、おかげで道迷いをしにくくなった。

事前に地図をダウンロードしてGPSを利用する登山地図アプリは、もう必須中の必須だ。デイハイクでも必須だが、地図自身が光ってくれるからナイトハイクでは非常にありがたい。私は『山と高原地図』アプリとジオグラフィカを併用している。無論、スマホになにかあったときのために、紙の地図も持っていく。

GPSは人工衛星の電波を受信できればいいから、携帯電話の圏外でも空が見えるところであれば問題なく使える。森の中では空が見えにくいものの、それなりに見える場合が多いし、道の上は空が見えやすいから、森の中の道でもまあまあ使える（大木からは離れたほうがいい）。

以前はGPSが使えないスマホもあったが、最近はGPSはあたりまえで、精度が高くなったので、より頼れるようになった。それでも一時的におかしくなることがあるし、木々の葉がよく繁った森や深い谷（つまりほとんど真っ暗なところ）では当てにならないから、当然ながら頼り切ってはいけない。と、偉そうに言っている私も、ついつい頼りすぎて道に迷ったことがある。

地図を持っていくことも大切だが、予め地図を穴が開くほどよく読んで机上登山しておくことも大切だ。国土地理院の地理院地図のサイトも活用して、とくにルートや山々や町のさまざまな方角、位置関係を頭に入れておく。

地図アプリ以外にも、ナイトハイクに役立つさまざまなアプリがあるので、いろいろインストールして、自分のスマホを夜山用に整えておこう。

とくに、空にスマホをかざすとその方向にある星座や月、惑星を示してくれる星座アプリなど、天文関係のアプリはぜひ入れておきたい。たとえばスカイ・ガイドはナイトビジョンを設定できて、カラー表示から夜目にやさしい赤色表示に切り替えられる。

私は少年時代からずっと三省堂の星座早見盤「新星座早見」を愛用している。闇行前に眺めて頭に入れておくが、かさばるので今は夜山に持ってはいかない。だが、名古屋市科学館が星座早見盤式のスマホアプリをつくっているので、それをスマホに入れている。星座早見盤に慣れている人にとっては使いやすくありがたい。

ほかに、赤色光を選べる懐中電灯アプリや天気予報・雨雲レーダーアプリ、方位磁石アプリ、なんなら今見えている飛行機がなにかわかるフライトレーダーアプリなどなど、いろいろ入れておくといろいろ役立つし楽しい。とはいえ、闇行中はスマホをあまり見ないほうが闇に浸れる。スマホじたくはしっかりと。でもあまり頼らずに。

◉ソロの夜山は次元が違う

グループでナイトハイクを体験して「闇は思ったより怖くないかな」と思ったら、それは大間違いだ。ソロのナイトハイクは次元が違う。闇の恐さは凄味を増すし、闇のやさしさも凄味を増す。闇の強さに心の芯まで震えたあと、闇のやさしさに搦《から》め捕られて帰れなくなりそうな、そんな凄味がある。

昼間であれ低山であれ、単独行は一気に危険度が高まる。夜山となればなおさらだ。ナイトハイクの経験をそれなりに重ねた人か、ソロのデイハイク経験が豊かな人でなければ、ソロのナイトハイクは控えたほうがいい。

私自身、初めて単独ミッドナイトハイクをしたのは丹沢の塔ノ岳で、夜山にハマってから六年以上も経ってからだった。それまでは夫婦で行くか、さらに友だちを誘ったりしていた。高尾山から富士山までいろいろな夜山に登ってナイトハイクのことはわかっていたが、それでも頭がおかしくなりそうなくらい怖かった。

というかちょっと頭がおかしくなった。バカ尾根の途中で懐中電灯の電池が切れたときは、予備の電池を持っていたので慌てる必要はなかったのに、ギャグまんがのようにあわあわしてしまった。シカの話し声を聞いたのもその夜だった。

その後、ソロのナイトハイク経験を少しずつ積み、単独行があたりまえになってから二十年以上経つが、それでもひとりで夜山に入るときは毎回ビクビクする。もしなにかあっても、だれにも助けてもらいようがない。ニュースになったらどれだけ叩かれることかとも思う。ソロの夜山は、山慣れた男性でもおすすめしにくいし、女性ならなおさらおすすめできない。

とはいえ、危ない、危ないといっても、雪山や岩山だって危ない。危険の質が違うので比べづらいが、低山の夜山よりも高山のいわゆる雪山や岩山のほうがずっと危ないと思う。それでも人は雪や岩を「我らが宿り」と言って登るのだ。

単独ミッドナイトハイクをすると、ほんとうにあの世に来てしまったような不思議な体験、不思議な気分をたっぷり味わえる。だから声を小にして、でも力強くおすすめしたい。ただし、危険の度合いは雪山や岩山と同等だというくらいの心じたくで行こう。それくらい臆病でいい。

◉大切なのは健やかにビビる心

日本人は忘れかけているが、日本には古くから受け継がれてきたナイトハイクの文化がある。そして今、スマホとネットのおかげでナイトハイクの難度、危険度はとても低くなっている。今こそナイトハイクをすべきときかもしれない。

海外の人も今こそ、日本に来てナイトハイクをすべきときだ。というかすでに、富士山や伏見の稲荷山ではそうなってきている。世界広しといえども、これほど手軽に安全に多様なナイトハイクができる国は、ほかにないだろう。

ナイトハイクはふつうのハイキング（デイハイク）では味わえない、特別な楽しみに満ちている。と同時に、デイハイクにはない危険にも満ちている。だから、低山といえども、決してデイハイクと同じような心じたくで登ってはいけない。

とくにソロのナイトハイクの場合、なにかあってもだれも助けてくれない可能性は、デイハイクより遥かに大きい。すべては自己責任だ。自己責任だからなにかあっても自分さえ納得すればいいということではない。なにかあったら、自分の責任において家族や他人に多大な心配と迷惑をかける。だからよくよく慎重にならなくてはいけない。

なにしろ夜の山は怖い。昼の山だってゾッとするほどの畏怖の念に襲われてドキドキすることがあるが、夜の山は輪をかけて恐ろしい。ナイトハイクを重ねると、ビビる心が健やかに育っていくのを感じる。

夜の登山口に立ってこれから行く道を見ると、真っ暗で恐ろしくて固まる。そうなったらそのまま十分から十五分、固まり続けるといい。同じ恐怖はそれ以上持続しないので、固まっているだけで心が落ち着く。と同時に目が暗順応し、ほかの感覚も研ぎ澄まされていき、闇の道に入る心身の準備が整う。

あるとき「武田鉄矢の週刊鉄学」というCSの番組に呼ばれてそんな話をしたら、それを聞いた武田鉄矢さんは「すくむというのはもしかして生存の戦略では」というようなことを言っていた。しっかりビビり、ゆっくりすくむ。闇行の計画段階からビビりまくろう。いろんな不安を胸に、準備しよう。

第五章

夜山の身じたく

◉月傘で灯傘で雨傘

ナイトハイクに特別な装備は必要ない。必需品はデイハイクとほとんど変わらない。なるべく頼らないとはいえナイトハイクに懐中電灯は必携だが、デイハイクでも万一のために懐中電灯は持っていくべきだ。スマホのフラッシュライトに頼るのはよくない。

懐中電灯を持ったら、あとは好奇心と警戒心さえ持参すればそれでいい。デイハイクの服装と持ち物でいい。

ただし、ナイトハイクでは寒い時間帯に吹きさらしの山頂に長く留まることが多いから、デイハイクより余分に服を持っていく。寒い季節はとくに首を暖かくしたい。タートルネックのトップスの重ね着やネックウォーマーがおすすめだ。デイハイクでもそうだが、原則、雨具を省略してはいけない。とくに雨着は、雨が降らなくても防寒着として役立つ。

山の雨具といえばレインスーツとザックカバーだが、手をあまり使う必要のない道で風が弱いときは、レインスーツよりも傘のほうが楽だ。小型で軽量の折り畳み傘を持っていくのもいい。

書類綴じ用の穴開けパンチで折り畳み傘にガシガシと穴を開けまくって月夜に差すと、ピンホール現象で自分の体や地面に小さな月がたくさん投影されて美しい。

これを日傘ならぬ月傘と呼んで愛用しているが、ＬＥＤの街灯の下で差すと、ＢＣＧ接種跡みたいに並んだLEDの光が投影され、傘を揺らすと小さな光がうごめいて、これはこれでいい。車のハイビームのヘッドライトなど、夜の明るすぎる光を避けるための灯傘《ひがさ》としても有効だ。

しかも、本来の用途である雨よけとしても充分使える。たくさん穴が開いているといっても、面積で見れば傘布全体のごく一部しか開いていないから、大雨でなければ雨傘の役割をちゃんと果たすのだ。だから、月夜であれ闇夜であれ、遊びと実用を兼ねて月傘を持っていくのは悪くない。

後述するが、イノシシが多い山では、イノシシよけとマムシ払いを兼ねて折り畳みでないジャンプ傘を持っていくと安心感がある。傘は杖としても役立つ。石伝いに沢を渡るときも傘を杖にするとバランスが崩れにくい。ただし、メッチャ晴れた夜に傘を持って歩いていると、メリー・ポピンズ感がハンパない。

◉電池の予備でなくライトの予備を

腕はともかく、脚は絶対露出しない。草木や岩などによる擦り傷、切り傷や虫刺されを避け、毒蛇の攻撃から少しでも足を守ると同時に、夜気《やき》で脚の筋肉を冷やして痛めないためだ。

デイハイクと最も違うのは、持っていくライトの種類と数だ。スマホのほかに少なくとも三つはライトを準備することをおすすめする。

ひとつはメインで使う、蛍歩き用の小さな懐中電灯。二つめは両手を完全にフリーにするペンダント（首飾り）型のライト。三つめはいざというときのための明るい懐中電灯だ。さらに蛍歩き用ライトの予備も持っていくと万全だ。

ナイトハイクに慣れないうちは、懐中電灯が点かなくなると、初めてソロ・ナイトハイクをしたときの私のようにちょっとパニックになる。その状態で闇の中で電池交換をすると、大いにもたつく。最悪、電池を落として見失いかねない。小さいボタン電池だとなおさらだ。ナイトハイクに慣れても、闇の中での電池交換は煩わしい。ライトごと交換したほうが遥かに楽だ。

LEDはいわゆる球切れはしないし、とても寿命が長い。だが、電源基板部などの故障で突然点かなくなることはある。百均などの安物だとたぶん接触不良でライトが点かないこともある。実際、そういうことは今までかなりあった。品質のいい高価なものを使うのが正解のようだが、安物のほうがいい感じに小さくて暗くて蛍歩き向きなのだ。その点でも、電池の予備を持っていくのではなく、電池入りのライトの予備を持っていくのが正解だ。

◉懐中電灯ならぬ掌中電灯

夜の山歩きといえばヘッデンだ。かつてヘッデンといえば、豆電球で単三電池を四本も入れた大きく重いものがポピュラーで、装着するとほんとうに鬱陶しかったが、今はLEDでとても軽くコンパクトなものがいろいろ売られている。明るさを調節できたり赤色光に切り替えられたりなど、便利になっている。

だから今や、夜の山ではヘッデン以外の選択肢はないという感じになっている。だが、闇と月を愛し楽しむナイトハイクではヘッデンはおすすめできない。

ヘッデンには両手がフリーな状態で闇を歩けるという最大の利点があるが、それ以外はあまりいいことがない。大きく角度を変えて照らすことができず、点けっぱなしになりやすく、頭周りがウザく、連れがいるときは相手にとって光が迷惑になりやすい。

蛍歩きに適したライトはヘッデンでなく、手に持ついわゆる懐中電灯で、掌《てのひら》に収まる小さいものがベストだ。だから懐中電灯というより掌中電灯だ。

プッシュ式テールスイッチで、スイッチを押し込んで点灯状態にしてから半押しすると消えて、指を離すとまた点くタイプのものがいい。それで一度オンにしたあと、半押しのくり返しでこまめにオンオフして蛍歩きする。そうすると、わずかな指の動きだけでオンオフをくり返せるし、その際、いちいちカチカチと音がしなくていい。

マグライトのようにヘッドを回してオンオフするタイプは、スムーズにオンオフをくり返せない。なので蛍歩きには不向きだが、そのタイプでも掌中電灯なら使える。その場合はいったん点灯したらそのまま点けっぱなしにして、手で掌中電灯を包んで遮光して歩く。そして照らしたいときだけ指と指の間を一瞬開ける。つまり、指の開閉でオンオフする。

これなら音もなくスムーズに点灯と消灯をくり返せる。指の開閉でオンオフできるだけでなく、指の開きぐあいで調光もできて便利だ。

蛍歩き用掌中電灯は、単四形や単三形乾電池一本程度で、最高でも十五ルーメン以下、できれば十ルーメン以下の明るくないものがいい。というか、闇と蛍歩きになじんでいけば、自然にどんどん暗いライトを欲していく。ほんとうに暗いところでは、いわゆるキーライトの光量でも充分に明るく感じる。八ルーメンあたりが頃合いかと思う。

最近、サイズが手ごろな十八ルーメンのものを買ってみたら、案の定、明るすぎた。そのような場合は、ライトの前面の透明部分を油性ペンで黒く塗って暗くする。黒く塗るとほとんど遮光されてしまうと思うかもしれないが、インクが適当に弾かれるので、極端に遮光されることはない。

キーライトにはよくリングが付いているが、これが蛍歩きには都合いい。リングに指を通して掌中電灯を使えば、ライトを持つ手もおおむねフリーになるので両手が使える。リングが付いていなくても、ストラップホールがあれば自分で取り付けよう。ストラップを手首に巻いてもいい。

◉いざというときのライト

パナソニックのペンダント型のライト「ＬＥＤネックライト」は、ハイカーよりも夜のジョギング、ウォーキングや犬の散歩をする人に使われているようだが、私は長年、ナイトハイクで愛用している。明るさは十三ルーメン。重さは電池込みで四十グラム。両手を完全にフリーにする点はヘッデンと同じだが、まさにペンダントのように首に掛けるだけなので、装着が超かんたんだし鬱陶しくないしオンオフも楽で、とても気に入っている。値段もお手ごろだ。

とはいえ、低山のナイトハイクでは両手をフリーにしないと危険な場面はほとんどないし、リュックに入れたものを取り出すときなども、慣れると手探りで結構済んでしまう。だから、一度も使わないままナイトハイクが終わることが多いのだが、それでも毎回、首から下げっぱなしで歩く。その安心感は大きい。

いざというときは、首から外して手首に二重巻きにして、点けっぱなしの指調光の蛍歩き用ライトとしても、いい感じで使える。この使いかたでも両手はおおむねフリーになる。蛍歩き用掌中電灯の予備をこれで済ませてしまえば、四個目のライトはなくてもかまわない。

明るい懐中電灯はあくまでいざというときのためのもので、近づけないところをよく見たい場合、道迷いでどうしても遠くまで広くしっかり照らしたい場合、獣がこちらになかなか気づいてくれない場合、ほとんど真っ暗な森の中で撮影する場合、そして、電気ブロッケンで遊ぶ場合などに活躍してくれる。私が使っているのは三百五十三ルーメンのもの。今はこれより遥かに明るいものもいろいろ売られている。これもまた、一度も使わないままナイトハイクが終わることが多い。それでも必ず持っていく。

◉赤色光かメガネ型眼帯か

せっかく暗順応して夜目になっても、懐中電灯の明るい光を見続けるとすぐにまた昼目にもどってしまう。だが、赤い光であれば見続けても暗所視を維持できる。また、夜行性動物たちも赤い光にはあまり反応しないので、動物を長々と照らして見ることができる。なので、天体観測や夜行性動物観察の際には、赤いセロファンを張った懐中電灯を使うのが常識だ。暗記用の赤い下敷きを利用してもいい。

ヘッデンには赤色光に切り替えられるものもある。スマホの懐中電灯アプリにも、画面全体を明るい赤にすることで赤色光として使えるものもある。

ナイトハイクにも赤色光を使うとよさそうなので、一時期、赤色光で蛍歩きしてみた。だが、赤いモノトーンの景色はどうも夜の心になじみにくく、心地よくない。それに赤い光で一瞬照らしただけでは道を把握しづらく、でも夜目にはやさしいので、結果、赤い光だと点けっぱなしになりがちで、闇に浸りづらい。なので結局また、白い光を一瞬照らすスタイルにもどった。

問題はスマホだ。今やスマホはナイトハイクに欠かせず、闇の中でやたら地図アプリや星座アプリやなんやを見てしまい、これが暗所視を妨げる。

暗記用赤下敷き越しにスマホを見る手もある。スマホの画面サイズに合わせて切って画面に密着させれば、下敷きの上からスマホを操作できる。スマホ以外の紙の地図や現地の説明板などにライトを当てて見るときも、この下敷きを目の前に持ってくればいい。

とはいえこの手はそこそこ煩わしいので、スマホのOSかアプリのほうで対応してくれるのが一番ありがたい。とくに登山地図アプリはぜひそうしてほしい。ナイトハイカーからの切なる願いだ。

赤色光以外の暗所視維持法がある。片目を瞑《つむ》ってスマホを使えば、夜目が半分キープできる。片目がスマホでいったん明順応してしまうのはよしとして、もう片方の目の暗所視を維持する手だ。

だが、実際やってみると、片目を瞑り続けるのはまあまあしんどい。なので、目を閉じずに片手で片目を覆うと楽だが、そうすると片手が塞がる。

そこで、メガネ型の眼帯をつくってみた。メガネのレンズの片方を黒のアクリル絵の具で塗りつぶして遮光する。筆でふつうに塗ると弾いてしまうので、メガネの裏側からフレームの中に絵の具を流し込むような感じで塗った。

ところが、使ってみるとメガネと顔の隙間から光がかなり入ってきてよろしくない。花粉シーズンでなくても百均などで花粉メガネを売っていて、これなら隙間からの光をシャットアウトできそうなので試してみた。

今度はアクリル絵の具はやめて、黒いマスキングテープを貼ってみた。テープが薄くて一枚では光が透けるので、メガネの表と裏から包み込むようにしつこめに貼ったが、アクリル絵の具より遥かにかんたんだ（もちろん、パーマセルテープでもいい）。かけてみると、ばっちり遮光している。これは使える！

ところで、山上のトイレは夜も使えるところがほとんどで、それはありがたいが、センサーライトや常夜灯が明るすぎて難儀することが非常に多い。そんなときは片目を瞑るかメガネ型眼帯で片目の暗所視だけでも維持して用を足すのがいい。狙いが定まったら両目を閉じて続ける。トイレに照明がないときはペンダント型のライトが便利だ。

◉闇から身を守る装備

ナイトハイクは足もとがよく見えないから、足を痛める危険がデイハイクより大きい。足首や爪先を保護するミドルカットのトレッキングシューズが基本だ。いろいろごちゃごちゃ悩みたくないなら、いつもそれでいい。足首を守る意味ではハイカットのほうがさらにいいが、そこまで足首を固めると足運びも気持ちも固くなるので、ミドルカットくらいがちょうどいいあんばいかと思う。

とかく「それでは完全に防ぐことはできない」などと否定的に言いがちだが、そもそも完全な予防なんてそうそうできるものではないし、やろうとするとどんどん重装備になってどんどんめんどくさくなり、どんどん楽しくなくなる。

私は、足もとにあまり不安のない山では、ローカットのウォーキングシューズとスポーツ用の足首サポーターの組み合わせでナイトハイクをすることも結構ある。その身軽さはとても快適で捨てがたいし、舗装路を長く歩くコースの場合、ソールの硬いトレッキングシューズは足腰にそうとうダメージを与える。ウォーキングシューズと足首サポーターの組み合わせはその意味でも快適だ。

足首サポーターは捻挫を完全に防ぐにはほど遠く気休めに近いが、それでもなにもしないよりは、ひどい捻挫をするリスクをいくらか小さくする。要は、身軽さとリスクのどちらをどの程度優先するかだ。そのあんばいは状況によって変わってくる。

テニス用のリストバンドも悪くない。手首を守る役割はあまりないが、顔周りの汗を楽にスマートに拭けるので、汗かきの人は試してみるといい。

そういえば以前、腕を痛めたときに湿布を貼ってナイトハイクしたら、湿布のにおいのせいで山のにおいが全然わからなくて失敗した。同じにおいが持続するとやがて慣れて無視できるが、よけいなにおいはないに越したことはない。虫よけスプレーなども使うなら無香料のものにする。

山伏の装身具には見倣うべきものが多い。彼らが腰から下げる引敷《ひっしき》は携行型の座布団で、毛皮を使っているので濡れた場所でもどこでも平気で座れる。これは尻餅をついたときに尾骶骨を守ってくれそうだ。

額にちょこんと載せる小さな帽子のようなものは頭襟《ときん》といい、小さすぎて機能してなさそうで、単なるファッションに見えるかもしれない。だがあれには宗教的意味があるだけでなくコップでもあるので月遊びの際に使えるし、洞窟の闇では行く手の頭上の岩を感知するセンサーとして充分機能するだろう。ヘルメットのように頭を保護する役割をとてもスマートに果たしてくれるわけだ。

そういうものや発想は素晴らしいし積極的に採り入れていきたいが、そうするとどんどん装備が厳重になっていくのは鬱陶しくもある。だから私自身は、ふだんの闇行《あんこう》はかなり軽装備だ。そのへんはどんな闇行か状況に応じて匙加減したい。

暗いと手探りになりがちだから、手を怪我するリスクが上がる。手袋は防寒だけでなく、怪我のリスクを下げるうえでも重要だ。その意味では軍手もいい。

だが、闇の中ではいろんなものを直接手で触ってその触感をつぶさに知りたくなる。そして手の触覚の素晴らしさに感嘆する。指先は超高性能の最高のセンサーなので、リュックやポケットの中を探るときも懐中電灯のオンオフもスマホの操作も、岩や土や草木やなんやを触るときも、手袋は邪魔だ。指先を出せる手袋もあるが、指先だけでなく掌も含めた手全体の触感を大切にしたい。

なので結局、私はナイトハイク中、素手が基本で、たまに手袋か軍手をはめる程度だ。だからよく手から血を流す。それが嫌なら、めんどうだが適宜着脱するしかない。

第六章

夜山の獣じたく

◉最もしたくすべきこと

夜山の大きな楽しみのひとつは、野生動物との遭遇だ。サルやリスは昼行性で熊もイノシシも実は昼行性らしいが、夜行性の獣が多いし、熊やイノシシを含め、日本の山にいるほとんどの獣は薄明の時間帯に活発になる。それに、昼間はハイカーが多いのでハイキングコースの近くを避けて行動する獣たちが、夜はわらわらしている。だから、デイハイクよりナイトハイクのほうが圧倒的に野生動物に出会いやすい。

だがそれは、夜山の楽しみを大きくすると同時に恐怖も大きくする。熊やイノシシに襲われるかもしれないという恐怖は拭い去れないし、拭い去るべきではない。

北海道のヒグマはともかく、ツキノワグマに襲われて死に至る例は少ない。怪我で済めば大きく報道されないから、よく知りもせずに「怪我ならまあいいか」と思ってしまいがちだが、どんな怪我をしたかを詳細に知るとゾッとする。たった一撃でも大怪我をする。自分がそんな目に遭ったらと想像すると、それだけで気絶してしまいそうだ。それに、多方面にとんでもなく迷惑をかけることになる。

ただし、遭遇確率が高くなると、そのまま危険度も高くなるとはかぎらない。

そもそも熊やイノシシはふつうの状態なら人を恐れ、人を避ける。積極的に人を襲うつもりはない。熊もイノシシも本来昼行性だが、人目を避けるために町の近くでは夜行性化している。なのに、昼間に人通りの多いハイキングコースに現れる熊やイノシシは、ふつうではない。腹を空かせて切羽詰まっていたり、人を恐れない変わり者だったり、なにかパニックに陥っていたりする。だから、夜間よりも昼間に熊やイノシシに遭遇したほうが危険度は高いと思う。

ツキノワグマの黒さは、昼の森の中では異様に目立つ。出合ってしまうと、距離が充分あっても、あのドーベルマン的な黒さに身がすくむ。こんなバレバレの色で昼間に平気でハイキングコースの近くをうろつくやつは、やっぱりふつうではないと感じる。

夜は熊の気配にはまれに出合って大いにビビるが、暗くて姿はよくわからない。固まっていると、向こうが逃げてくれて気配がなくなる。逃げてくれないときは、気配のほうを見ながらゆっくり遠ざかる。至近距離で対面したことは一度もない。

とはいえ、夜は安全というわけではないし、ソロの闇行《あんこう》で万一襲われた場合、ほかのハイカーに助けてもらえる可能性はとんでもなく小さいし、救助してもらうことになったら、昼間よりさらに人さまに迷惑をかける。だからなんとしても襲われたくないし、襲われかけたらなんとかうまく対処したい。熊やイノシシが急激に棲息域を広げていることもあり、その思いは年々強くなっている。

どんなしたくよりも獣じたくこそが大切だと思う。

なによりまず知識だ。相手を知ることだ。美大の大学院で、闇夜の里山を無灯火で歩く授業をしたら、森の中で「グルルルルル」と鳴き声がした。ムササビだと教えると、外国人の院生が「それは人を襲いますか？」と不安に満ちた声で聞いてきた。ムササビが人を襲うわけはないが、知識がなければ襲われるかもと思うのは至極当然のことだ。知らないと不必要に恐怖が増大し、パニックになって冷静な判断ができなくなる。獣をよく知ることはとても大切だ。

危険生物に関して、いまだに迷信に近い知識がまかり通っている可能性はある。迷信とまではいかなくても、最良の方法ではないことが奨励されている可能性は充分にある。しかしそれが現在までの到達点であり、それを踏まえて判断していくしかない。常識は更新されていく。危険生物に関するニュースにはつねに敏感でいよう。

次はこれから行く山域の最新情報だ。最近は、自治体などがネットに熊の目撃情報を掲載しているので、登山道の通行止め情報などと併せて闇行前に必ずチェックする。

ただし、単なる目撃情報を過度に恐れる必要はない。山に熊がいて、それをだれかがたまに見かけるのはあたりまえのことだ。熊の目撃と熊に襲われる事件の間には、非常に大きな隔たりがある。大した怪我をしなくても「熊に襲われた」という情報ならば、それには強く反応すべきだ。その山域でのナイトハイクを当面、見合わせることも考えよう。

●獣は結構気づいてくれない

獣は人間より感覚が鋭いから、人間が近づくとすぐ気づいて逃げる。それはまあほんとうではあるが、そうでもない場合もとても多い。

獣たちは案外こちらに気づくのが遅い。こちらのほうが先に気づくことも多い。もちろん、人間のほうが感覚が優れているのではない。獣たちが熱心に食べ物をあさったり食べたりして、そっちに集中しているからだろう。

夜に人が来るとは思っていないというのもあろう。熊はもちろん、イノシシも本州以南のシカも成獣がなにかに捕食される心配はないし、幼獣が捕食される可能性もほとんどないから、油断しているのだろう。オオカミがいなくなった日本の森は、とくにシカやイノシシにとって天国だ。

相手に先に気づかれるのは全然怖いことではない。相手がこっちになかなか気づいてくれないところこそが怖い。ものすごく近づいてしまったところでやっと相手が気づいてパニックになると、慌てて襲ってくる恐れがある。

ライトを消して闇になじんでいると、獣はなかなかこちらに気づいてくれないが、明るいライトを点けて振り回せば、あっという間に気づいて逃げてくれる。

恐竜の時代は、哺乳類は夜行性だった。恐竜に捕食されることを恐れて、夜の闇の中でひっそり生きていたのだ。恐竜が絶滅してその脅威がなくなったことで、多くの哺乳類が昼行性になっていった。最初から恐竜の脅威がなかった我々人間も昼行性だ。

だが最近、人間の脅威から逃れるため、昼行性から再び夜行性化している動物が増えているという。人間が獣たちを闇に追い込んでいるのだ。そうして昼の世界から締め出され、夜の世界に安住している獣たちを、夜の山を人間が歩くことで怯えさせるのはたいへん申しわけない気もする。

その一方で、オオカミを失い、オオカミの役割を担っていた猟師が激減して、日本の山が獣たちにとってあまりに安全になったために、シカやイノシシが増えすぎているということを考えると、夜の山を人間が歩くことで彼らに幾ばくかの緊張感を与えるのは、いいことなのかもしれないとも思う。

いずれにせよ、謙虚な気持ちは忘れずに。

◉シシ傘はどうだ

ヒグマは人を襲って食べることがある。ツキノワグマはほぼ人を食べないと言っていいが、二〇一六年に秋田でツキノワグマが次々に人を襲って食べる事件が起きた。だが、イノシシが人を食べることはなく、よほどのことがないかぎり人に突進してこない。

だから熊のように恐れる必要はまったくないのだが、イノシシの棲息密度は熊よりも遥かに高く、各地でとても増えていてほんとうに頻繁に出くわす。なので、くり返し出くわすうちに、なにかの間違いで突進されるかもしれないという不安は拭えない。まれなことだが、イノシシに咬まれまくって出血性ショックで死ぬこともある。

とくに六甲山地は、イノシシが多いうえに餌付けによって人に慣れてしまった。そのため、人が近寄っても恐れなかったり、ハイカーを襲って食べ物を奪ったりしている。だから、六甲でソロのナイトハイクをするときは、かなりビビる。

イノシシが突進してきたら、傘を使うといいという話がある。イノシシは動くものに反応するので、傘を開いてその陰に身を隠せば、突進をやめるのだという。人間を取って食いたくて突進してくるのではないから、傘の内に身を消してしまえば「もういいや」と思うのかもしれない。

ほんとうにそうなのか、そのまま傘に突進してくる気もするが、摩耶《まや》山を集中的にナイトハイクした際に大きめの黒い雨傘を携行してみた。開くときにまごつかないよう、ジャンプ傘にした。

結果、イノシシに至近距離で会いはしたが、案の定、突進されることはなかったので、傘で突進を避けられるのかどうかはわからなかった。だが、もし突進されたとしてもある程度、傘で攻撃を妨害できることは間違いないだろう。なにもないよりはずっとマシだ。そうイメージすることはできた。

しかも当然、雨具になるし、マムシ払いとしても杖としても使えるので、イノシシの多い山に雨傘を持参するのはありだと思った。

◉まずは熊のいない闇へ

熊が出歩かない季節がある。熊は十二月から四月ごろにかけて冬眠する。熊がいない土地もある。ツキノワグマは本州には広く分布しているが、九州では絶滅したと考えられている。それはあまり喜ぶべきことではないと思うが、とはいえ九州のナイトハイクでは「ある日、森の中」の心配はない。四国西部にも熊はいないようだ。沖縄にもいないし、佐渡島、淡路島をはじめとした離島にも全然いない。

離島は異世界感があるので、なんとなく離島の森には危険生物がいそうなイメージがあるが、逆だ。とにかく安全な場合が多い。サイパンのジャングルを少しナイトハイクしたときは、あまりの安全ぶり、楽園ぶりに感動した。野犬が問題になっているが、ジャングルには野犬はいなかった。

本州でもたとえば千葉県には熊はまったくいないし、茨城県も最北部を除けばいない。伊豆半島や高尾山にもいない。大阪府も北部にしかいない。本州でも熊のいない山域はあちこちに結構あるのだ。

ただし、以前はツキノワグマがいなかった箱根などで目撃されるようになり、高尾山のすぐ近くでも目撃されており、分布がかなり広がってきている。いないはずの伊豆半島で捕まったりもしていて、これまでの常識が通用しないところが増えている。

北海道のヒグマ（エゾヒグマ）は、ツキノワグマとはまったく別の生き物と考えたほうがいい。まずはモエレ山（ここも一応、無灯火登頂が楽しめる）のような絶対安全地帯から始めて、本州のナイトハイクよりさらに慎重に行こう。ツキノワグマ同様、ヒグマも離島にはいない（北方領土にはいる）。だから、利尻山などはヒグマの心配なしにソロでナイトハイクができる。

だが、熊がまったくいない山にこだわると、歩ける山が限定されすぎる。熊が棲息していても数が少ない山域なら、リスクはとても低い。

高尾山では一応、熊に会うことはないと言っていい。高尾山周辺に熊がまったくいないわけではなく、裏高尾では定点カメラに写っているし、一丁平《いっちょうだいら》や東高尾での目撃例もある。だが、高尾山そのものでは今のところ目撃例はないようだ。私も高尾山で熊を見たことはない。箱根もリスクは低いし、そもそも東京近郊の山は東北、北陸などの山に比べたら間違いなく熊が少ないだろう。

熊の棲息密度が低いエリアに行けばリスクは低くなるし、ふだん熊が出没しないエリアに行けば格段にリスクが低くなる。冬に歩き、グループで歩けば、さらにリスクは低くなる。熊に襲われるのはほとんどがソロのときだ。ハイキング中の集団がツキノワグマに襲われたという話は滅多にないし、数人から数十人を連れて歩くツアーで熊の脅威を感じたことはない。

熊がいるかもしれない山域では、決してリスクをなくすことはできない。冬に熊がうろついたり、今まで熊が出なかったところに出たり、グループでも襲われたり、例外は結構ある。人間にも熊にもイノシシにも個性的なヤツはいて、そいつらは常識外れの行動をとる。どんなにきちんと準備して対策しても、それで絶対に大丈夫ということにはならない。でも、獣じたくをいろいろすれば、リスクはどんどんゼロに近くなる。

●熊火か熊鈴か

実は私は最近まで熊鈴を持っていなかった。ソロの闇行の際に、どこかのお寺で買った音の小さい鈴を鳴らしながら歩くことはたまにあったが、熊鈴は買ったことがない。

熊鈴は熊よけの定番アイテムだが、なにしろうるさい。それに、デイハイクと違ってナイトハイクの場合は、蛍歩きの光が熊よけになっていると思うからだ。とくにグループでナイトハイクするときは熊鈴は必要ないだろう。

とはいえ、歳をとるほどにますます熊が怖くなってきた。光と音はまったく異なる器官で感知する情報だから、両方あったほうがリスクは低くなる。

日本の庶民は室町時代後期から、夜間に霊山に登ってきた。霊山の伝統的な登山では、松明《たいまつ》（のちに提灯《ちょうちん》）を灯し、「六根清浄《ろっこんしょうじょう》、お山は晴天」と唱えながら登る。松明は照明の役割だけでなく、獣よけや魔よけの役割も大きいと思う。灯火は、焚き火的なものを最初とするなら、その最初から獣よけと照明の両方の役割を持っていた。そして「六根清浄、お山は晴天」と声を出し続けるのもまた、音を出し続ける熊鈴と同様の獣よけでもあっただろう。つまり、日本の伝統的ナイトハイクですでに、光と音の両方で獣よけをしながら闇を歩いていたのだ。

グループ登山でそこまでする必要はないと思うが、ソロの場合はライトに加えて熊鈴もあったほうが無難だ。霧の夜はとくにそうだ。ガスっているときにソロで熊と出くわすのが一番危ないと思う。音が鳴り続けるのは鬱陶しいし、せっかく敏感になった耳で森の音を聴く邪魔になるが、持続するにおいに慣れるように、同じ音がくり返されるとやがて人の脳はその音をうまく無視するようになる。

そう思って、最近初めて熊鈴を買い、鳴らしながらミッドナイトハイクをしてみたら、やっぱりずっとうるさすぎる。においよりも音のほうが無視しづらい。最近の熊鈴の多くは消音できるのでその点はいいのだが、もっと音を小さくしたい。昼間に比べれば夜間の山は静かだから、熊鈴の音も少し控えめでも構わないだろう。

そこで、ウエストバッグに熊鈴を入れて歩いたら、控えめな音になってあまり気にならなくなった。控えめすぎて熊よけの意味が大してないかもしれない。だがなんにせよ、熊鈴をなにかに入れて（なにかで包んで）、ある程度音を小さくして歩くのがいいだろう。それから、蛍歩きが光と光の間隔をあけて歩くように、音と音の間隔をあけて、無音の合間にときどき音が鳴る（余韻は短く）のがいい。試行錯誤はたぶん永久に続く。

◉明るいライトは獣よけになるか

松明の火と同様に懐中電灯の光も確実に獣よけになっているだろう。山里の畑ではセンサーライトで急に強い光を発してイノシシから作物を守ったりする。だから、道迷い用に携行する明るい懐中電灯は、イノシシに去ってもらいたいときにも使える。

この先の藪にイノシシがいるなと思いながら歩を進め、かなり近づいても向こうが気づいていないのか、全然逃げてくれないことがわりとある。そんなときに明るいライトを藪に照射すると逃げてくれる。

明るい懐中電灯は、獣に襲われそうになったとき、目潰し的武器として有効かもしれない。そう思っていたら、ユーチューブで衝撃的なドライブレコーダー映像を見た。

夜、道路にいたイノシシがいったん車から逃げようとしたが、車が一時停止したのを見るや、いきなり正面から猪突猛進。フロントバンパー左側に激突し、ダメージを受けつつも走り去っていった。つまり、イノシシはヘッドライトの強い光に向かって突進してきたわけで、目潰しどころか逆にライトが目標になってしまう恐れもある。

突進される前はライトは有効だが、突進してきたらやっぱり傘かもしれない。光よりも、イノシシと自分をなにか物で隔てるべきだ。たまたま大木など身を隠せるものがあればその陰に隠れる。

そういえば、スノーボーダーが昼間にイノシシに襲われたが無傷だったというニュースもあった。映像を見ると、彼らは咄嗟にスノーボードを盾にしてイノシシの攻撃をかわしていた。

熊と違ってイノシシは高いものに登ってこないので、近くにイノシシがいたら、大きい石の上などに立ってるならとりあえずそうするのもいい。というか、私はそうしている。高いところに立って、イノシシが逃げてくれないようなら明るいライトを照射する。そうすると逃げてくれる。木に登るのもありだが、突進が始まってからでは間に合わない。

◉熊スプレー二刀流

熊に襲われそうになった場合は傘はダメそうだが、熊スプレーがある。唐辛子の成分が入っていて、熊の鼻面に向けて噴射すると、熊が一時的に大ダメージを受けて逃げ去ってくれる。

以前は熊スプレーというとアメリカ製のカウンターアソールトで、これはグリズリーなど大型の熊の撃退を想定してつくられている。日本ではヒグマ専用と考えたほうがよさそうで、ツキノワグマに使うには強力すぎてちょっと申しわけない。失敗して自分にかかったときのダメージも大きい。値段は一万円以上するし、容器が大きいので専用のホルスターの購入もほぼ必須だった。容量が多いだけに使用期限が切れたあとの処分もめんどくさそうだ。

だからなかなか手が出せなかったが、気がつくと、超小型でポケットに収まり、値段も三千円台の熊スプレーを見かけるようになった。ドイツのカールホーネック社製で容量はわずか二十ミリリットル。射程距離は三、四メートルでカウンターアソールトの三分の一ほど。噴射時間も約五秒と短い。

登山用品店でこれを購入して二年ほど携帯してみているが、手探りで向きを間違えずにポケットからつかみ出して素早く噴射できる形になっている。ストッパーがなく噴射しやすいものの、誤噴射しにくい形になっていてなかなかいいし、実際、誤噴射したことはない。まだ熊に噴射したことがないから実際のところどうなのかわからないが、確実にリスクを下げてくれていると思う。

ふだんは誤噴射しないようケースに収めてリュックに入れ、熊のいる山に入るときにケースから出してズボンのポケットに入れる。ジッパーやボタン付きのポケットに入れると、まごついてなかなかポケットが開かないという間抜けなことになる恐れがあるので、かんたんに手が入るポケットに入れて、いつでも素早く出せるようにする。

その際、スプレーを手でなでるようにじっくり触って向きを再確認しておく。不安を感じたら、ポケットの中で握りながら歩くと心安らかだ。

もちろん、熊スプレーがあれば絶対安全というわけでは全然ない。日本人で初めて熊スプレー（カウンターアソールト）を使ったという日本ツキノワグマ研究所理事長の米田一彦さんによれば、十パーセントは失敗するという。

カールホーネック社の熊スプレーは霧状に広がる噴霧式ではなく、直線的にひとまとまりに飛ぶジェット式なので、比較的風の影響を受けにくい。

とはいえ当然、風が強いときに風下から噴射したら自分を撃退してしまう。風上から熊が向かってきたら、最終的にはとにかく噴射するしかないが、咄嗟に風上に回り込むよう努力したい。そううまくいくかわからないが、そういうイメージをもっておくことは大切だ。

まさに襲われようとしているときに急に風向きを考えるのでは遅すぎる。つねに風を意識しながら歩くべきだ。と書くとたいへんそうだが、闇を歩いていれば自然と風に敏感になる。

風がはっきり感じられるときは、風上でも風下でもお互いの出す音を聞き取りづらくなる。だからお互い気づかずに接近してしまう恐れがある。そして、明らかな逆風で歩いているときは、風上の相手は風下のこちらに気づきにくいうえに、スプレー的に最悪の向きなのだから、それなりに用心深く歩くべきだ。

うまく噴射できなかった場合を考えて、この小型スプレーは二刀流のほうがよりよいかもしれない。ズボンの左右のポケットに忍ばせて歩く。こんな少量で大丈夫なのかという不安も二本あれば払拭できる。使用期限をずらしながら交互に買い換えるといい。

カールホーネック社の熊スプレーは何種類かあって、練習用スプレーがセットになっているものもあり、イメージをつくるうえでありがたい（カウンターアソールトにも練習用スプレーあり）。

これは容量が四十ミリリットルでややかさばるが、やはりポケットに収まる小ささで、誤噴射を防ぐフリップ・トップ・キャップが付いているのでより安全だ。

◉毒蛇はそんなに

獣だけでなく、毒蛇にももちろん注意しなくてはいけない。咬まれてもすぐ応急処置をして病院へ行けば大事に至ることはあまりないが、夜の山の中からなかなかすぐには病院へ行けない。咬まれたらどうするかも大切だが、なにより咬まれないようにしなくてはいけない。

マムシは夏の夜山で見かけるので気をつけたい（つねに夜行性というわけではなく、冬眠の前後などは昼間に活動する）。だが、攻撃的ではないし、攻撃半径は約三十センチとされる。道が草に覆われていないなら、道の真ん中を歩いていればほぼ問題ない。草に覆われて地面が見えないときは、トレッキングポールか金剛杖かそのへんに落ちている枝で、草をスキャンするように払いながらゆっくり進む。

足はトレッキングシューズなどで保護されているから、足もとより手もとのほうが危ない。湿っぽい場所で草の繁った斜面などに不用意に手をつかないようにしよう。

マムシと違って沖縄・奄美に棲息するハブ（ホンハブ）は攻撃的だ。夜行性で真夜中に最もよく活動するといわれる。ハブ類の中でホンハブが一番体が長いので、それだけ攻撃半径が大きく、危険度が高いといえよう。

攻撃半径は全長の三分の二とされる。大きいものでは全長二・四メートルを超えるので攻撃半径は一・六メートル以上になる。つまり、幅三メートル以上の道の真ん中を歩いても、道端の繁みから攻撃される可能性があるということになる。頭上に木の枝があれば、いくら広い道でも上から攻撃される可能性がある。

宮古島、与那国島などハブのいない島もあるが、沖縄本島や石垣島など、山らしい山がある島にはもれなくハブ類がいる。年間百人くらいがハブに咬まれるが、血清の普及により、今世紀にハブに咬まれて死んだ人はほとんどいない。その点では毎年数人が死ぬマムシのほうが危険だ。

ハブは暖かい地域に棲んでいるので冬眠しないが、冬には動きが鈍くなるのでリスクが下がる。石垣島にはホンハブはおらず、サキシマハブが棲息する。ホンハブに比べて小型（つまり攻撃半径が小さい）で、毒も弱めなので危険度は低くなる。

本州、四国、九州などに棲息するヤマカガシも毒を持つ。マムシより大きく、池の近くでモリアオガエルを咥えているのを見かけたりするが、関東などでは赤と黒の斑紋が強烈でビビる。

毒自体も強く恐ろしいが、ハブはもちろん、マムシより攻撃性は弱い。また、基本的には昼間に活動するようで、夜の山道で見かけることは珍しく、たとえいたとしても、ふつうに山道を歩いていて咬まれるようなことはまずありえない。しかも、深く咬まれないと毒が入らないことが多いので、咬まれて死ぬこともあるにはあるが滅多にない。マムシに気をつけていればついでにヤマカガシも警戒したことになるので、とくに意識する必要はないだろう。

そんなわけで、ホンハブ以外の毒蛇はナイトハイクではそれほど恐れる必要はない。とはいえ、万一のことを考えて、ちょっと荷物が重くなるが、毒を洗い流すための水を五百ミリリットルのペットボトルに入れて持っていくと安心だ。怪我したときの消毒用としても、いざというときの飲料としても、なんなら霧吹きで月虹《げっこう》を架けるための水としても使える。

最近は、ポイズンリムーバーは意味がないともいわれるが、使ってみるとかなりの吸引力で、咬まれてすぐ使えば効果がありそうに思える。ポイズンリムーバーと水の併用がいいと思う。応急処置のあとはなるべく早く下山して病院へ行く。

ポイズンリムーバーはすぐ使わないと意味がないから、使いかたがわからなくてまごついてはいけない。一度説明書を読んで試してみてもそのうち忘れるので、定期的に説明書を読んで使いかたを復習しておく。

●なんか嫌な感じがしたら逃げる

私は山で熊やイノシシに襲われたとか毒蛇に咬まれたとか、滑落して大怪我をしたとか、そういうたいへんな目に遭ったことがない。大ピンチをなんとか切り抜けた武勇伝も皆無だ。私と一緒に闇を歩いて、私が勇敢だと感じた人は少なくないかもしれないが、とんでもない。思いっきりヘタレだ。これは真剣に危ないぞと思ったら絶対やらない。

あるところでなにかスゴく嫌な感じがすることがたまにあって、そういうときは、そそくさと立ち去ったり、進みたい気持ちをグッと抑えて引き返したり、コースを大幅に変えたりする。それは単に、山岳の激しい地形への畏れだったりもするが、そうでないときもある。

宮崎学著『となりのツキノワグマ』を読んで驚いた。ツキノワグマは、人間に聞こえない低周波を口から発しながら森を歩いて自分の存在をほかの熊に知らせ、ムダな接触を避けているという。超低周波音のコミュニケーションだなんて、まるで象ではないか。そんなことを言っている人をほかに知らないし、それがほんとうなのか私にはわからないが、思い当たる節がある。

地形が全然激しくない穏やかな森を歩いていて、とくに音も変なにおいもしないし変わったものも見当たらないのに、急になにかとても嫌な感じがしてきてたまらなくなり、なるべく平静を装いつつ、ドキドキしながらその場を立ち去ることがある。

それはもしかしたら、そういうことかもしれない。いや、超低周波音を察知したかどうかはわからないが、そういうなにかの排他的な気配を、五感の協働による第六感的なもので感じ取ったのではないかと思うのだ。

それは熊とはかぎらず動物とはかぎらず、植物がなにか発している可能性もあるかもしれず、生物ではないなにかの気配かもしれないが、なんにせよ、夜の山を歩いていると「まだよくわかっていないないなにか」を感じやすい気がする。

第七章

闇の記録術

◉スマホで星空スナップ

近年、ナイトハイクにとって最も革命的なものは、アイフォーンのカメラのナイトモードだ。これのおかげでナイトハイクがほんとうに大きく変わった。

せっかくナイトハイクをするのだから写真を撮って残したい。SNSに載せたい。だが、以前のスマホやコンデジでは、街の灯りのあるアプローチはいいが、闇夜の山に入ると撮ってもほとんどなにも写らなかった。写ったとしてもなんだかわからない写真になる。月夜でもまともな写真にはならない。

デジカメは以前から、夜の撮影をかんたんにしてくれてはいた。そこそこ暗い夜景色なら、手持ち撮影でも結構撮れた。だが、夜山ではダメだった。夜山ではどうしても、デジタル一眼レフカメラを三脚に固定し、リモートスイッチを付けてバルブ撮影せざるをえない。とくに満天の星や暗い森の中を撮影したければ、それ以外の選択肢はなかった。

これが実にめんどくさい。銀塩カメラの時代を思えば、撮影直後に闇の中でも写真を確認できてとてもありがたいのだが、めんどうなものはめんどうだ。

なにしろ荷物がとても重くなるし、撮影の準備も撮影後にしまうのも時間がかかる。闇の中だから、クイックシューがないと三脚にカメラを固定することすら手間取る。リモートスイッチをリモコン端子に差し込むのも、設定を変えるためにボタンひとつ押すのもかんたんではない。暗すぎるとオートフォーカスが使えないからピント合わせもめんどくさい。ノイズが気にならないようISO感度を抑えめにするから、森の中では露出時間も何分もかかる。

だから、写真を撮りながらのナイトハイクはびっくりするほど時間がかかって、連れがいたら連れは待たされすぎて確実に嫌になるし、写しているこちらも気を遣う。だから写真を満足に撮りたいならソロしかないし、あっという間に時間が経って大して歩けないので、ナイトハイクとしては物足りなくなる。撮影かナイトハイクか、どちらかを優先して、どちらかを大きく犠牲にしなくてはいけない。それはしかたない。

ところが、アイフォーン11以降のカメラのナイトモードはとんでもない。私は今はアイフォーン12ミニを使っているが、手持ち撮影でいわゆる夜景はもちろん、星空が手ブレもせずに結構写ってしまう！　天の川も、六等星も写っている！　闇富士もよく写る。月夜の山は昼間のように明るく写り、闇夜の山でも遠い街明かりが少し届くだけで結構写る。

つまり、ナイトハイクのさまざまな場面を、フラッシュなしでスナップ写真に近い感覚で撮れるのだ。星空をバックに記念撮影することもできる。一枚につき数秒から三十秒の露出時間はかかるものの、闇を歩いている途中で立ち止まってポケットからスマホを取り出してサッと撮れる。この手軽さは信じられない。夢のようだ。昼のようだ。

それに驚きつつも一眼レフと三脚をリュックに入れてナイトハイクをしていたが、一度も一眼レフを出さないまま終わることが続くようになった。なので最近は、一眼レフを家に置いてナイトハイクをするようになってきた。SNSに載せる程度の解像度のものなら、アイフォーンの手持ち撮影で充分。仕事のために本気で撮影するとき以外は一眼レフの出番がなくなった。というかもう、アイフォーンで撮った夜山の写真を雑誌に載せることすらある。

アイフォーンのカメラは暗いところでは自動でナイトモードになり、露出時間も自動で設定される。だが、そのままシャッターボタンをタップしないほうがいい。夜山では露出時間を手動に切り替えて、基本的に「最大」にする。それでももし写真が明るすぎれば、露出時間を短くする。アイフォーンが少々動いても大丈夫だが、なるべく動かないよう足を開いて立ち、脇を締めて撮る。レンズはふつうの広角レンズ（1×）を使い、開放F値が大きい超広角にはしない。

アイフォーン11より12、12より13プロや14などのほうが、広角レンズの開放F値が若干小さくなる（レンズが明るくなる）ので、暗い星が少し写りやすくなる。

◉本気の撮影は大きな一つ目で

もう一眼レフと三脚は要らない。荷物もグッと軽くなるし、撮影が楽すぎてナイトハイクが格段に軽やかになる。

もちろん、手持ち撮影では闇のディテールを丁寧に表現することはできない。ほんとうにいい闇写真を撮りたいなら、やっぱり一眼レフと三脚しかない。

一眼レフは当然、高性能の新機種でレンズの口径は大きいほうがいいし、三脚は背が高く強風に負けない重さで寒くても冷たくならないカーボン製がよりよいに決まっている。だが、カメラはエントリーモデル、三脚もかなりコンパクトなアルミ製で充分だ。それでスマホの手持ち撮影とは比べ物にならないほど表現豊かな闇写真が撮れる。

私はキヤノンのイオスキスの、十年以上前の機種を愛用し続けている（それ以前もイオスキスシリーズを使っていた）。三脚はスリックの５００Ｇシリーズをメインに使い続けている。縮長四百五ミリと短いので小振りのリュックの中に丸々収まって邪魔にならない。

一眼レフでの長時間露光では、シャッターボタンを手押しするとブレるし、ずっと押し続けるのは辛いので、リモートスイッチは必須だ。ＩＳＯ感度はノイズが気にならず、露出時間が長くなりすぎない頃合いを選ぶ。カメラの性能にもよるが、私のカメラではＩＳＯ感度一六〇〇が頃合いだ。絞りは星を入れるなら少し絞るくらいで、星を入れないときはやや深くするが、そんなに深くする必要はない。Ｆ五・六か六・三で充分だ。

星を入れる場合は月や金星、木星が出ていればいったんそちらにカメラを向けてピントを合わせ、出ていない場合は遠い町の光でピントを合わせる。近くに合わせたい場合は明るいライトでいったん照らすか、点灯した掌中電灯を被写体のあたりでカメラに向けて置き、その光にピントを合わせる。人物に合わせるならその人に掌中電灯を点けてもらい、ピントを合わせたら消してもらう。

人物撮影は、いわゆる記念写真なら顔がわかるように露出時間をかけてもいいが、夜空か水面か街の夜景をバックにしてシルエットを浮かび上がらせると闇感があっていい。シルエットでもだれだかわかる。集合写真でもいろんなポーズでシルエットを撮ると楽しいし、幻想的な写真になる。

ほとんど真っ暗闇の森は何分露出してもロクに写らないので、その場合はいっそストロボを焚くのもありだが、より自然な写真にしたいなら露光中に被写体を懐中電灯で少し照らすといい。露光中ずっと照らすのではなく、短時間だけ照らす。懐中電灯をぐるぐると大きく動かして、まんべんなく照らすと自然な感じに写る。その際、近景が明るくなりがちなので、近くはササッと遠くはゆったりめに照らす。暗いライトと明るいライトを使い分けるのもいい。光るきのこなどの発光生物は、ふつうに撮ると光しか写らないので、同様に周りを懐中電灯で少し照らす。蛍は光跡を写すなら懐中電灯は不要だが、光だけでなく姿もアップで撮りたいなら懐中電灯を使う。

撮影中、カメラの後方の光をファインダーから拾ってしまうとよくないと思っていたが、実際、とても暗いところで撮り比べてみても、ファインダーを塞いだ場合と塞がない場合にほとんど違いがなかった。それよりも、カメラの後方になにか反射しやすいものがあると、その反射光が不必要に前方のものを照らしてしまう恐れがあり、何分にもわたる露光だと近景に影響を与えかねない。

それには少し気を遣ったほうがいいかもしれない。

ついつい忘れがちなのは、闇の中で今撮った写真を液晶モニタで確認して、いい感じでちゃんと撮れていると思っても、あとでふつうの光の下で見ると暗すぎてロクに見えないことだ。闇の中では画像が明るく見える。だから、いい感じよりももっと露出時間をかけて、かなり明るめに撮る。

◉レタッチで夜目の写真に

なにより大切にしたいのは、夜目で見た実際の闇景色に近い感じになるように撮ることだ。ナイトモードで撮ると、月夜や街明かりが届くところでは、実際の見た目よりも明るくクリアで鮮やかな写真になる。一眼レフなら肉眼で見えていない星をたくさん写すのもかんたんだし、そのほうが現実離れしていて写真としての魅力を感じるというのはわかる。

慣れないうちは、見た感じと違うふうに写るのが新鮮でいい写真に感じられるが、慣れてくるとそういう写真は飽きる。どこかテーマパークの景色に似た嘘っぽさを感じる。それをいい意味で嘘っぽいと感じるか、悪い意味で嘘っぽいと感じるかは微妙かもしれないが。

でも、ナイトハイクを重ねると、そういうテーマパークのようなきらびやかな夜景色ではなく、自分が実際に見て感動した静かな闇景色をそのまま写真にしたいという思いが強くなる。見た感じになるべく近づけると飽きの来ない味わい深い写真になる。見えないものは見えないままに、夜気《やき》を感じさせる写真にしたい。昼のように明るく色づく森でなく、もやもやと暗くて色をなるべく感じない森を撮りたい。気持ち悪いほど精細な天の川でなく、穏やかな雲のような天の川を撮りたい。

とはいえ、私たちが夜目で見ているものをカメラは昼目で撮るわけだから、撮っただけでは見た目と同じようにならないことが多い。その場合は、実際の見た目に近づけるために、撮影後にレタッチをする。もちろん家に帰ってからでいい。

アイフォーンなら「写真」アプリの編集機能などを使ってレタッチするといい。実際の見えかたに近づけるには、「露出」「ハイライト」「彩度」を少し下げる。夜目のようなモノトーンにすることにこだわって彩度を極端に下げると、それはそれで嘘っぽい写真になるのでほどほどにする。

一眼レフで撮った写真はパソコンに取り込んで、フォトレタッチソフトで実際の見た目に近づける。その際、「写真」アプリと同様に写真を暗くし、ハイライトを弱く、彩度を低くするが、最も重要なのはシャドウ（暗い部分）を明るくすることだ。そうすると、闇のディテールが見えてきて、実際の見えかたに近づく。写真にちょっと赤みが強いなと思ったら色相もいじり、赤みを減らして青みを加える。とくに月夜は青みを強くする。これもやりすぎると嘘っぽくなるので注意したい。

なにをどの程度上げてなにをどの程度下げるかの匙加減は、実際の見えかたを思い出しながら、なるべくそれに近づくようにやる。近づけば近づくほど夜山の記憶が蘇るし、見る人にもナイトハイクの闇の世界が伝わる写真になる。

◉音の記録のほうが闇っぽい

ナイトハイクの記録を残したいときは、写真もいいが音声もいい。スマホでの動画撮影は写真と違ってほんとうに暗いところでは厳しいが、音声だけならアイフォーンのボイスメモなど、録音アプリで録るといい。音のほうがまざまざと闇の記憶を蘇らせる。蛙聴きのツアーをやったら、私を含め多くの人が録音していた。夜山で聞いた謎の声も、録っておくとあとで調べやすい。もちろんＩＣレコーダーで録ってもいい。

スマホの音声入力機能を使った言葉の記録もいい。連れがいると音声入力はなんか恥ずかしいが、ソロのときは私はよく使う。ささやき声で入力してもちゃんと認識してくれる。私はアイフォーンの標準アプリ「メモ」に音声入力することが多いが、聴覚障害者とのコミュニケーション用に入れたＵＤトークというアプリもメモ用に便利だ。入力した時刻が出るところがいい。ほかにもさまざまな音声入力アプリがある。

ナイトモードで気軽に写真を撮ったり、録音したり音声入力するのはいいが、そうなると気になるのはバッテリーだ。とくに寒いとバッテリーの残量表示が早く進んでしまう。〇度以下の環境では、はっきり気づくくらい減りかたが早くなる。東京近郊の低山でも気温が〇度を下回る冬のミッドナイトハイクでは、とくに注意が必要だ。スマホやデジカメを手に持って歩いたり、休憩時にレジャーシートやテーブルの上に放置してはいけない。

　スマホはつねに服のポケットに入れて使うときだけ手に持ち、使い終わったらポケットにもどす。カメラはケースにもどし、できたら予備の服にくるんでリュックにもどす。なんならリュックに使い捨てカイロを入れてもいい。ただし、ポケットにスマホと使い捨てカイロを一緒に入れると、高温になりすぎてバッテリーを劣化させる。

　私は日常的にバッテリーを長持ちさせるため、原則、低電力モードでスマホを利用している。そうするとCPUの速度が低下したり、自動ロックが三十秒後に固定されたりするが、それほど不便を感じることはない。

　基地局の少ない山間《やまあい》では、スマホがムキになって基地局を探しまくって通常よりバッテリーを消費してしまうので、登山中は機内モードでというのが、わりと常識になっている。軽めのモバイルバッテリーを持っていけばさらに安心だ。機内モードにすると、地図データをつねにネットから取得するグーグルマップや標準の地図アプリは使えない。だが、ごく一部の古いスマホを除けばGPS自体は使えるので、地図を予《あらかじ》めダウンロードして利用できる登山地図アプリなら問題ない。

　とはいえ、アプローチや下山後はふつうの地図アプリを使いたくなる。切り替えればいいだけだが、たったそれだけのことでもちょっとめんどくさい。ので、バッテリーの消費にそれほど不安を感じない闇行《あんこう》では、私はずっと低電力モードのままにしている。

第八章

首都圏ナイトハイクコース

高尾山無灯火登頂と陣馬山のお得な天の川

◉ナイトハイク入門の山

まずはやっぱり高尾だ。新宿から京王線で最速四十三分で終点の高尾山口駅、そこから徒歩三分ほどで登山口という、東京周辺の山としては抜群のアクセスのよさ。ケーブルカーやリフトで楽々山上に行くこともできて、そのわりに千六百種以上の植物が繁茂し、数十種の哺乳動物と百種以上の野鳥、数千種の昆虫がうろつき飛び交うなど、非常に豊かな自然。世界有数の大都会に近接して、その日に思い立っても楽々日帰りできる位置にありながら、これほど自然豊かな山と渓谷を満喫できるというのは至極珍しい。

それゆえ高尾山は世界一登山者が多いといわれ、休日の昼間の山上は芋を洗うような大混雑だ。アクセスがいいだけではない。極めて整備された安全度の高い道が多く（行くたびにますます整備されている気がする）、エスケープルートも豊富で、山頂など要所に快適に利用できるトイレがあり、飲み物の自販機まであり、もう至れり尽くせりで、熊はほぼいないし、いろんな意味でとにかくハードルが低い。

だから、ナイトハイクのハードルもほかの山と比べて格段に低い。実際、東京近郊の山で高尾山は唯一、宵のうちはもちろん、深夜になってもほかの登山者と結構出会う山だ。夜にほかの登山者と会うのは正直なところあまり嬉しくないが、東京近郊の初めてのナイトハイクには、外国人も含め、最もおすすめの場所と言っていいだろう。

二〇〇七年のミシュラン三つ星獲得以降、山の気が弱まっているような、山がお疲れのような感じがしている。二〇〇七年に工事が始まり二〇一二年に開通した圏央道高尾山トンネルの影響もあるかもしれない。なので、私自身はこの山に登る頻度がだいぶ低くなってしまった。だがそれでもなお、この山は自然が豊かでそれゆえ闇も豊かで、人が極端に減る夜間はその豊かさを存分に楽しめる。

◉金比羅台をあなどるなかれ

おすすめのコースはいろいろある。たとえば、ケーブルの駅の脇からいきなり土の闇道を登っていけて、頂上までまったく電灯のない稲荷山コースもいい。だが、まずはナイトハイクの

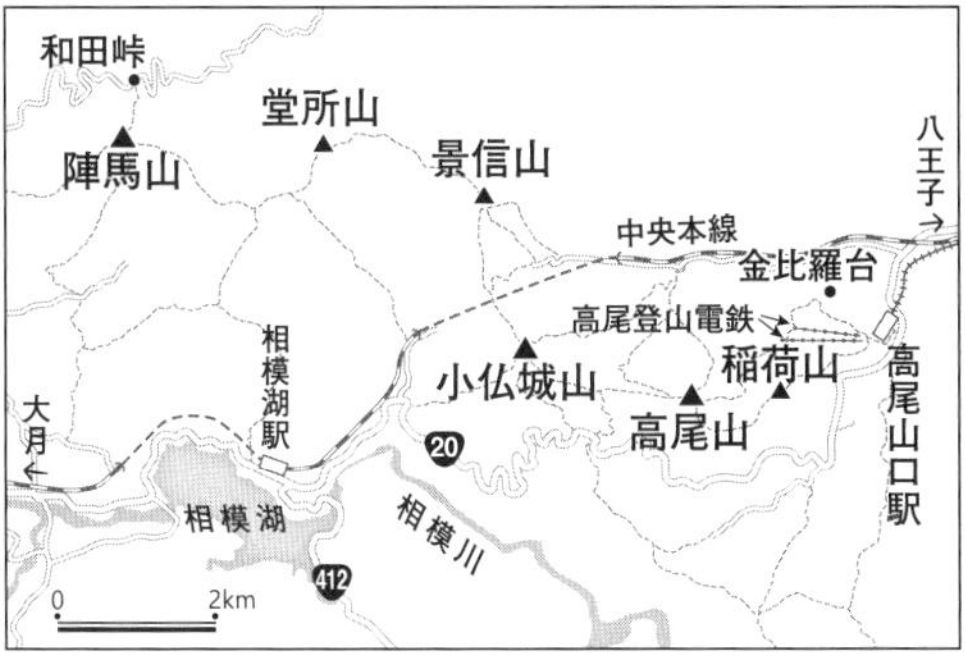

超入門コースとして、表参道（一号路）を金比羅台《こんぴらだい》（標高三七二メートル）、薬王院《やくおういん》経由で山頂へ行く道をおすすめしたい。

このコースはほとんどがコンクリート舗装されていて、トレッキングシューズで歩くとムダに疲れるし、足裏で土や岩や落ち葉や木の実などの自然を感じにくいのは嬉しくない。しかも電灯が点る区間もかなりあって、どうなんだろうと思うかもしれない。

とはいえ、電灯がなく足もとがよく見えない区間が長々とある。よく見えないといっても舗装路だから不安はほとんどないし、路面が暗いアスファルトと比べてコンクリート舗装は路面が明るいので、目が慣れると道がボーっと白っぽく見えてくる。ナイトハイク初心者であっても目と心が暗順応すれば無灯火で歩けてしまう。だから、土の山道をライトに頼りながら歩くよりむしろこちらのほうが、闇をたっぷり浴びて、闇の山、闇の森を存分に楽しみながら登ることができるのだ。

一号路を沢沿いにゆるゆる登り、最初のカーブで沢と別れて少し登ると、次のカーブで曲がらずに階段状の土の道があるのでそれを登ろう。あっという間に金比羅台に着く。ここからの都心方面の夜景が結構好きだ。

たとえば都会の超高層ビルやタワーから夜景を眺めた場合、光がいきなりダーッと広がるが、高尾山の金比羅台や稲荷山（四〇九メートル）からの夜景は、東高尾の黒い山並みの向こうにダーッと光の海が広がる。だから近くの山の闇とその先の都会の光のコントラストが見事で、それゆえ都会の光がいっそう鮮やかに派手に目に映る。また、時間をかけて闇を歩いてきて目が闇に慣れた状態でいきなり光の海が眼前に広がるので、そのギャップも夜景を感動的にする。

冬などの空気の澄んだ夜は、光がクリアで夜景がよりゴージャスになるが飽きやすい。逆に梅雨などのもやもやした湿度の高い夜は、光がやわらかく情緒的になって、光が煙るような幻想的な夜景がちょっとサイバーパンクっぽくて、なかなか見飽きない。

金比羅台へ登るにはもうひとつ、金比羅台歩道というコースがある。高尾山口駅の北側、落合の民家の脇から山道を登る。ＪＲ高尾駅から歩いて登る場合はこれが高尾山への最短コースだ。途中、車の往来が結構あって街灯も明るい甲州街道から、梅雨には南浅川の上にゲンジボタルの光が舞うのが見られる。こんなところで蛍が見られるなんて、あまり気づかれていないかもしれない。カジカガエルの声も聞こえてくる。

高尾山口駅から金比羅台歩道の登山口へ向かう場合は、すぐに甲州街道に出ないで、氷川神社の前で京王線のガードを潜《くぐ》って一本西側の道を北へ向かうと、街道沿いとは違って山里感があり、路傍にいい感じのコンクリート屋根のお堂もあるし、甲州街道より一段高いところを歩くので眺めもよく気持ちいい。

金比羅台歩道は一号路とは打って変わって人ひとりが通れる幅のごくふつうの闇の山道で、そのふつうさがいい。ただし、民家の脇を通るので、迷惑にならないよう静かにさっさと通過しよう。

金比羅台を頂点に、金比羅台歩道と一号路を結べば、超コンパクトなお手軽ナイトハイクコースになる。これでも充分満足できる闇歩きになる。金比羅台で唯一残念なのは、水道施設があって、そこのセンサーライトが反応して、しばらく明るく照らされてしまうことだ。

◉世界一かもしれないトイレ

さて、闇の金比羅社にお参りしてから、木のトンネルのような心地いい広く平坦な道を行けば、すぐに一号路に合流する。静かに眠るエコーリフトの山上駅を左下に見て、夜景の名所の霞台《かすみ》、たこ杉などを経て浄心門《じょうしん》を潜ると、左に善童鬼（前鬼）と妙童鬼（後鬼）が控える神変堂《じんぺんどう》があり、修験道の開祖とされる役小角《えんのおづぬ》（役行者《えんのぎょうじゃ》）が祀られている。役小角は、夜な夜な富士山に登ったと伝わるいわばナイトハイクの祖だから、しっかり賽銭してご挨拶してから山頂を目指す。

その先の男坂と女坂はどちらを登ってもいいが、男坂と女坂が合流するところで、二つの坂の間から仏舎利塔《ぶっしゃり》へ行く道がある。ここは昼間もあまり人がいないと思われ、夜はまず人がいることはない。電灯がなく広々と闇が溜まっているので、ひとけのあるほかの場所より、仏舎利塔の前まで行ってまったりすると心地よい。

弁当を広げるのはどうかと思うが、お釈迦さまに敬意を払いつつ、ここで大の字休憩するといい。ちょっと砂利っぽいがレジャーシートを敷けば問題ない。闇の中で仰臥して闇と一体になる行為は仏教的行為に限りなく近いと思うので、お釈迦さまも悪くは思うまい。

大杉原から山門、仁王門を経て、ヤクルト階段を登って本堂にお参り。境内は天狗だらけでいつ攫《さら》われてもおかしくないので注意しよう。夜間は本堂左手から本社（飯縄権現堂《いづなごんげんどう》）、奥之院、浅間社へ登る石段は通行できないので、愛染堂、大師堂のある本堂右手を回り込む。その先、一部だけ土の闇道になって木の根がやたら露出しているので、ここだけはライトの助けを借りて登ろう。すぐにボードウォーク（山道テラス）となり、段差に注意しながら行くと再びコンクリート舗装の道。大トイレの先から左へ坂を登ればすぐ二等三角点のある山頂だ。

頂上手前の大トイレは九時から十六時半までしか使えないが、焦らなくても大丈夫。山頂のビジターセンターのトイレが使える。きれいでヒノキの香りがして、夜の山頂トイレの快適度でいえばここが日本一、いや世界一かもしれない。

●夜の温泉か奥高尾か

天気がよければ山頂奥の大見晴台から夜富士が見える。富士登山シーズンには富士山の山肌に点る灯りたちもよく見える。でも、山頂ではゆっくりせずに先へ下って、闇の奥高尾縦走路を進もう。下りきってからちょっと行けば紅葉《もみじ》台で、ほんの少し来ただけなのにグッと山深いところに来た気分になる。ここからも夜富士が見える。

闇弁するなら山頂でなくここか、あるいはもっと先がおすすめだ。紅葉台で大休憩したあとは山頂を巻いて一号路にもどってもいいし、三号路や四号路などを歩いてもいいし、いろんなコースから高尾山口駅へもどることができる。

高尾山は、より人の少ないミッドナイトハイクで朝帰りするのがおすすめだが、なにしろアクセスがいいので、とくに日の短い季節には、その夜の終電までに帰る夜帰りのナイトハイクもいい。

高尾山口駅と直結した京王高尾山温泉極楽湯は、最終入館受付が二十二時で営業が二十二時四十五分までなので、日の短い季節のトワイライトハイクやイブニングハイクなら下山後、充分利用できる。ミッドナイトハイクの下山後に入りたいが、残念ながら朝は八時から。ここにかぎらず、山麓の日帰り入浴施設が五時か六時か、せめて七時から始まってくれるとありがたいのだが。あるいは有料でいいから足湯だけでも二十四時間オーケーにして、有料トイレのように集金箱を置いてくれたら、それだけでかなり極楽なのだが。

とはいえ、せっかくだから奥高尾縦走路をさらに行き、一丁平《いっちょうだいら》を経て小仏城山《こぼとけしろやま》（六七〇メートル）へ登って相模湖駅へ下るのが一番おすすめだ。梅の花の季節は小仏峠から小仏バス停へ下って高尾梅郷へ。もちろん、景信山《かげのぶ》（七二七メートル）まで行ってもいいし、さらに堂所山《どうどころ》（七三一メートル）、陣馬山（八五五メートル）へと縦走して藤野駅か陣馬高原下バス停へ下ってもいい。陣馬山まで行けば夜空はだいぶ暗くなり、高尾山では残念だった星空がかなりいい感じになる。

都心から五十キロ少々しか離れていないものの、初夏のド深夜のいて座から夏の大三角へ向けて、天の川の流れが結構見えた。都心からこれほど近くてそこそこ天の川が拝めるのはかなりお得だ。

　逆に、ＪＲと京王線の高尾駅北口から西東京バスの陣馬高原下行き終バスに乗って、陣馬山から高尾山へ縦走するのもいい。高尾駅からしばらくバスに揺られてふと気づくと乗客が自分ひとりになっていて、二十一時十五分ごろ終点のバス折り返し場に闇夜にひとり降り立つと、とんでもない田舎の夜にワープしたような気分にさせてくれる。

　鄙《ひな》びた集落を抜けると街灯がなくなり、陣馬街道はふつうの車道なのに、スギなどの木々がかなり頭上を覆ってほとんど真っ暗で、たまに闇の中から車のヘッドライトがやってきて、闇の向こうへ消えていく。やがて車道と別れて左へ新ハイキングコースの闇の山道へ入るが、そっちよりも車道のほうの非日常性が強く印象に残って、また行ってみたくなる。その後、終バスの時刻が五十分くらい早まってしまったのが少し残念だが。

雨でも奥多摩御岳山・日の出山で夜を明かす

◉御岳山の夜は今もパワフル

奥多摩ハイキングの入門コースとして人気があり、よく紹介されるのは高水三山《たかみずさんざん》だ。高水山（七五九メートル）、岩茸石山《いわたけいし》（七九三メートル）、惣岳山《そうがく》（七五六メートル）の三つの山を巡るプチ縦走で、アクセスがよく変化に富んだ山歩きが楽しめる。実際、遥か昔、まだナイトハイクに目覚める前にデイハイクをしたとき、そう感じた。きっと夜山も楽しいだろうと思い、秋に一度ミッドナイトハイクをしてみた。

ところが……。とくに危険なところもないし、夜霧の岩茸石山頂上の水墨画のような静かな闇景色はよかったし、高水山の常福院山門のまるで一本足サーフィンをしているような大摩利支天と、まるで空を飛んでいるようなイノシシの像がカッコよかったり、狛犬がすごく犬だったり。ほかにも私がキツネ目地蔵と呼んでいる吊り目のお地蔵さまをはじめ見どころは少なくなく、陸棲の蛍の光を愛で、シカやムササビや秋の虫の声を聴いて、全然悪くないミッドナイトハイクだったが、どうもなにか今ひとつ、山の力を感じにくいのだ。

山に少し元気が足りない気がして、高尾山もそうだが、夜はそういうのを感じ取りやすいのだと思う。それに、ちゃんと間伐されず下草の生えない植林は、どこでも歩けてしまい、とくにガスった夜は道がわかりにくく迷いやすい。というか迷った。

秋雨の季節だったのでその夜は天気が今ひとつで、満足できなかったのはそのせいもあるだろうが、逆に言えば、天気に左右されてしまうということだ。その点、真夏のやはり天気の悪い闇夜に登った御岳《みたけ》山（九二九メートル）と日の出山（九〇二メートル）は、天気に左右されずとてもよかった。こちらを奥多摩ナイトハイクの入門コースとしておすすめしたい。こちらのほうが山に人の手がたくさん加えられているものの、山の力は強く感じられた。

◉駅からあっという間に闇の渓谷へ

無人の改札を抜けて振り返るとお犬さまのいるＪＲ青梅線御嶽《みたけ》駅から、ケーブルカーの滝本駅までバスの便が

あるが十八時すぎで終わる。だから駅から歩くが、大した距離ではないうえにとても楽しめる。駅前の青梅街道に出るとすぐに御岳渓谷遊歩道の下り口がある。川辺へ下るともうライトの助けなしでは厳しい暗さで素晴らしい。クロマドボタルの幼虫の光を見て、トラツグミの物悲しい声を聴いたりしながら川辺を歩き、橋を渡って車道に出て御嶽神社の一之鳥居を潜る。滝本駅までアスファルトの道を登るが悪くない。

滝本駅前で早速シカたちとご対面。ケーブルカーは十八時半で終わっているから、二之鳥居を潜って舗装された参道を歩いて登る。舗装路が嫌ならJR古里《こり》駅から登る手もある。だがこの参道、車一台が通れる程度のさほど広くない道の両側に大杉が延々立ち並んでいてとても暗く、見事だ。しかもアスファルトなので高尾山表参道のコンクリートと違って路面が暗く、暗順応しても道が浮かび上がらない。足もとが全然見えない。このとても暗いが安全な道を、立ち並ぶさまざまな大杉をライトで照らして観賞しながら登っていると、なんだか大杉ナイトミュージアムを見て回っている気分だ。「ピィッ」「ピャッ」というシカの警戒音をちょいちょい聴きながらケーブルカーの線路の下を潜ると、そこだけがものすごく獣臭い。そばにシカの泊まり場があるのだろうか。

やがて山上の御師《おし》集落に着くと街灯の点る道になるが、しーんと寝静まっているので静かに歩く。山上の商店街を抜け、石段を登って登って武蔵御嶽神社で賽銭。夜空をバックに北村西望作の狛狼のシルエットがカッコいい。ここが御岳山の頂上部だ。天気が悪く深夜とはいえ、参道の登りでも集落でも山頂の神社でもまったく人に会わなかったのは、高尾山との大きな違いだ。だれもいない路傍にレンゲショウマのまさに可憐な白い花がひっそりと咲いていた。

少し寄り道して、長尾平分岐から展望台へ下る途中の木陰にテーブルとベンチがあったのでそこで弁当を広げたが、弁当がほんとうになんにも見えず、完全な闇弁だった。

◉ヨアカシの鳴き声のシャワー

山上の集落に別れを告げて日の出山へ向かうと、そこからは森の中の土の闇道。のんびりペースだったので空が白んでいく中、闇の森にボーっと鳥居の輪郭が浮かび上がった。そこまでが御岳山の神域ということか。神域を出たところでまったりしていると、ヨアカシタイムが始まった。夕暮れに鳴いて日を暮れさせるヒグラシ（日暮らし）に対して、夜明けに鳴いて夜を明けさせるヒグラシを私はヨアカシ（夜明かし）と呼んでいる。夜明けにヨアカシの鳴き声のシャワーを浴びるのが、夏のミッドナイトハイクの最高の時間のひとつだ。

遠く、下のほうからヨアカシの声が聞こえ、声がだんだん上がってくる。だんだん、標高が上のほうのヨアカシが鳴き出す。そしてついにすぐ近くのヨアカシが鳴き出した。降りしきるカナカナを浴びるうちにどんどん明るくなっていき、高い梢を見上げる。なんというぜいたくな時間。

ヨアカシが鳴いたあとは、もうすっかり道が見える。東雲《しののめ》山荘の前のきれいなトイレに入る。このコース、トイレには事欠かない。

すぐそこが四阿《あずまや》のある日の出山頂上だ。その名のとおり絶好のご来光ポイントだが、このときは雨でご来光は拝めず、結局結構、雨に降られた闇行《あんこう》だった。だが、コースのほとんどが森の中で、霧雨や小雨程度だったので、頭上を覆う木々の葉が雨をしっかり受け止めてくれて雨具の出番が全然なく、日本のやわらかい闇を快適に満喫したのだった。

湿度が高いおかげでこの夜はいろんなにおいがとても強く感じられ、とくにヒノキの香りで森全体が檜風呂状態で、広大な檜風呂の中を歩いている気分で最高に気持ちよかった。やはり湿度の高い夜に、秩父の宝登《ほど》山を歩いたときも檜風呂だった。よく晴れた闇は無論いいが、天気の悪い闇もいい。ときには好天よりも気持ちいいナイトハイクができるのだ。

日の出山からの下りは何通りもコースがあるが、金比羅尾根を少し下ってから麻生山（七九四メートル）の手前で左へタルクボ沢沿いを下るコースがおすすめだ。大小十八の滝が連続する中のメインの三つは白岩の滝と呼ばれ、下流側から見ると中段と下段は合体して雨乞いの滝となる。白岩滝バス停まで下り、西東京バスの武蔵五日市駅行きで帰る。白岩の滝方面へ下らずにそのまま金比羅尾根を下り、金比羅山（四六八メートル）を経て武蔵五日市駅まで歩いてもいい。

金比羅山は先述したように夜桜が最高だが、ふだんも山上の公衆トイレ前からの夜景色はなかなかのものだ。五日市街道の街路灯の明るい光が連なりながらうねるさまは光る川のようで、手前の暗い木立との対比が素晴らしい。たぶん初日の出を拝むために東側の木々が間引かれていて、そのまばらな黒木の幹のスーッとまっすぐなシルエットが、下から生えているのにまるで上から落ちてきているように感じられて、腐海の底にサーッと落ちる砂柱を思い出した。樹上でなにか小動物が騒いでいる。キツネリスのテトに違いない。

北箱根大半周、火山の夜を縦走する

◉夜は丹沢より箱根だ

火山は低山であっても地形が激しく、下のほうは森だが山上はまるで高山のように樹木があまり繁らないことが多いので、非常にダイナミックな闇景色がドラマチックに展開する。噴気が夜に白く浮かび、その噴出音やときには山鳴りも聞こえ、火山ガスのにおいが漂う。夜は音やにおいに敏感になるので、山そのもの、地球そのものの力や息遣いを体感しやすく、ふつうの山のナイトハイクとは違う世界を体験できる。

関西から火山のナイトハイクをしようと思うとたいへんだが、東京の近くには箱根山という立派な火山がある。新宿から小田急ロマンスカーに乗って最速一時間十五分、箱根湯本駅で降りればもうそこは箱根火山だ。箱根湯本駅のホームに立った途端に硫化水素のいわゆる腐卵臭に気づくこともあり、駅が火山の中にあることを実感する。

ハイカーにとって神奈川県の山といえば丹沢山塊で、私もデイハイクばかりしていたころは、丹沢は最も頻繁に歩く大好きなエリアで、蛭《ひる》ヶ岳、檜洞丸《ひのきぼらまる》をはじめ、ほとんどのピークに登った。だが、とくにアクセスのいい東丹沢や表丹沢は、東京から川崎、横浜という最強の大発光地帯に近く、その街明かりの大群が山上まで容赦なく攻めてくる。なので夜空が明るくて、闇を楽しむナイトハイクにはあまり向かず、闇歩きに目覚めてからはたまにしか足を運ばなくなった。

それに比べて箱根は素晴らしい。箱根といえば、品のいいホテルや美術館やなんやがヒメシャラ系の木立の中に佇み、ゴルフ場や別荘地が広がる高級温泉リゾート地で一大観光地。いかにも夜が明るそうなイメージだが、箱根の森や山上は、あなたの想像より遥かに暗い。

箱根湯本からさらにカルデラの中にまで鉄道が通じていて、バスの便もよく、アクセスはむしろ丹沢よりいいともいえる。登山電車を東京への通勤に利用する人もいるほどだ。とはいえ、距離は丹沢よりも京浜から遠いうえに、火山の広い裾野が幅広く闇の壁をつくっていて、さらにその外側を丹沢、相模湾、富士山などの闇が取り巻いているので、登山口から山に入るとすぐさまかなりしっかりした闇に包まれる。丹沢ではイマイチだった天の川も箱根の山上ではだいぶ見えてくる。

◉夜富士展望のベストコース

以前は、湯坂路《ゆさかみち》を登って前期中央火口丘（新期外輪山）の湯坂山（五四七メートル）、城山（七四三メートル）、浅間《せんげん》山（八〇二メートル）から鷹巣山（八三四メートル）に登頂するコースをイチオシしていた。なにしろ箱根湯本駅から徒歩五分ほどでもう登山口で、あっという間に森の濃い闇に吸い込まれる。

だがこのコースは眺望にはあまり恵まれず、夜富士も拝めない。その点、よりおすすめしたいのは外輪山（古期外輪山）の北半分。塔ノ峰（五六六メートル）から明神ヶ岳（一一六九メートル）、金時《きんとき》山（一二一二メートル）、丸岳（一一五六メートル）などを経て長尾峠までの尾根を行くコースだ。

尾根上はブナなどの林や、道の両側にハコネダケがみっしり繁る閉じた区間もありつつ、随所でワーッと視界がひらけてダイナミックな展望をたびたび楽しめる。夜富士を拝む絶好のコースで、富士登山シーズンにはヒカリフジの展望コースとなる。

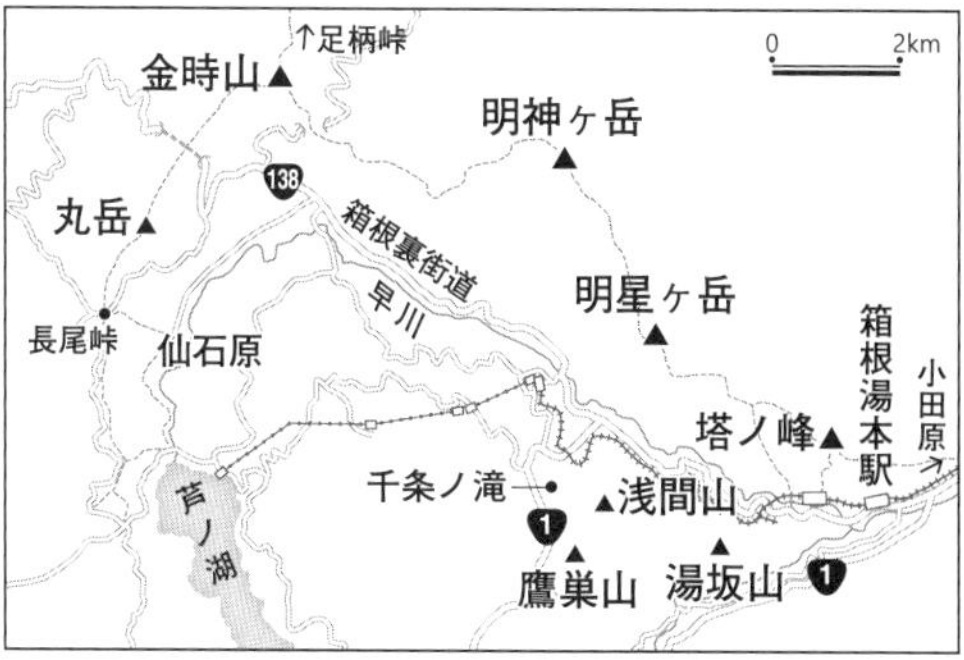

この外箱根大半周、どこからどう登ってもどこへどう下っても全部楽しい。何度登っても飽きることがなく、丸ごとおすすめできる。だが、最もおすすめなのは、小田原駅東口から箱根登山バス桃源台線の終バスに乗って仙石バス停で下車し、金時神社入口から金時山、長尾山、乙女峠、丸岳を経て長尾峠から仙石原へ下り、仙石バス停へもどるミッドナイトハイクだ。公時《きんとき》神社の広い闇(梅雨時に蛍の光の舞も見られる)や金時宿り石など、序盤から見どころが多い。

尾根への登りの途中で見下ろすと、仙石原の夜景色がどこかほかの惑星っぽい。周りは闇の山なのに、火口原だからそこだけ平らで光が集まっていて、闇の中に光のオアシスといった感じで浮かんでいるからだろうか。「メーテル、町だよ、町があるよ!」と叫んで急いで駆け下ったら、異星人にとっ捕まってひどい目に遭いそうだ。雲が流れていると、はっきり見えていた町があっという間に雲の闇に消え失せたりして、さっき見えていたのは幻だったかもという気分になって、とても幻想的だ。

外箱根最高峰である金時山では夜富士をはじめとした闇の絶景が待っているが、絶景には往々にして吹きさらしがセットでついてくる。金時山の頂上はとくに風が強く、私はまだ風の弱い金時山を体験したことがない。なので、有料トイレで用を済まして早々に山頂を立ち去ることになるかもしれないが、そうなったとしても充分満足できる。

とくに冬枯れの季節の長尾峠への尾根歩きは、闇景色の展開が素晴らしい。長尾峠から仙石原へ下りてもなお闇で、ゴルフ場の中を歩くが、周りに灯りがなくていい感じだ。その先、早川沿いなどを行く遊歩道がまたいい感じで、仙石原の火口原をうろつくだけの闇散歩でもかなり楽しめそうだ。始バスが土日祝は六時四十分すぎでやや遅いのがちょっと不便だが、それ以外は最初から最後まで文句のつけようのない最高のコースだ。

金時山からは、丸鉢山（九六二メートル）、足柄峠を経て足柄古道をJR御殿場線足柄駅へ下るコースもおすすめで、とくに夜富士の眺望が素晴らしい。ある年の七月一日、ちょうど吉田口の山開きの夜（富士宮口は七月十日）にこのコースを下ったとき、富士山を覆っていた雲がサーっと流れてデッカい夜富士がデューンと登場した！　宇宙要塞が突然、眼前に姿を現したかのような迫力だった。

足柄峠へ下る林道の途中でも、足柄峠からも、いちいち夜富士が見事で、結果、闇の富士山から夜明けの青く染まる富士山、そしてモルゲンロートまで、さまざまな時刻の富士山を拝める。足柄峠から金太郎富士見ラインを西側へ下り、六地蔵二セットを過ぎると、右に芭蕉句碑があるあたりの左に赤坂古道の入り口があるが、そこでは古道に入らずに車道を進もう。ヘアピンカーブでとどめの富士山が待っている。その先で赤坂古道に入り、地蔵堂川沿いの足柄古道を快適に足柄駅へ下る。古道だけに見どころ満載だ。

◉藪の中の夜景、闇の超巨大コロセウム

もうひとつ、箱根登山鉄道強羅《ごうら》駅または箱根登山バス宮城野橋バス停から明星ヶ岳（九二四メートル）に登頂後、ちょっと引き返してから明神ヶ岳、火打石岳（九八八メートル）を経て矢倉沢峠まで尾根を伝い、金時登山口へ下山して仙石バス停に至るコースもたいへんおすすめだ。

宮城野橋から見下ろすと、排水口から早川に勢いよく湯が注ぎ、街明かりに白い湯気が濛々と浮かんでいて、早速、地球の熱さを感じさせてくれる。明星ヶ岳の登山口は、道からちょっと奥まったところに道標がこちらに背を向けるように立っているのでややわかりづらいが、夜は道標の白い頭が目立ってくれる。登山口の前に立つとすでに夜空はかなり暗く、天の川もうっすら流れている。

なかなか急なカルデラ壁の登りはちょっとしんどいが、長くは続かない。途中、背の高い笹の一種のハコネダケが道の脇を固めているところが多いが、そのみっしり分厚く繋った笹の葉と棹のわずかな隙間から、下の町の光がチラチラとわずかに届くポイントがいくつもあって、森の闇とともにそのチラ見せの夜景がとても楽しめる。

青白い感じの、蛍の光のように小さく微《かす》かな光たち。グルグルとチューチュートレインして視点を動かすと、闇のブッシュのあちこちで光がチカチカと明滅して美しい。距離感がおかしくなり、下界ではなくブッシュの中で光っているようにも見える。光がブッシュの棹などに弱く反射して届

いたりもしているから、その反射した場所に光があるように見えるということだろうか。

結構な高さまで登ったところで、さっきより早川の水音が異様に大きく感じられて不思議な気持ちになる。こちらは外輪山の壁で、川の向こうは中央火口丘が壁になっていて、その間で川の音が反響することで、低いところで聴くよりむしろ大きく感じられるのかもしれない。

頭上を葉が覆う闇の中をひとしきり登ると、毎年八月十六日に箱根大文字焼が行われる場所に出る。闇の超巨大コロセウムの上に飛び出したようなド迫力の大景観がいきなり展開する。この闇コロセウムは高さが一〇〇〇メートル前後、南北十二キロ、東西八キロもある日本有数の巨大カルデラ。目隠しを取り去ったように急に視界が大きくひらけて無数の星がドバッと現れるのは衝撃的で、その出し抜けな満天の星が出し抜けな超巨大コロセウムと組み合わさるのだ。しかもその景色の上座に、夏の深夜は富士山が発光しながら鎮座していてこの上なく劇的なのだ。

大文字の先は漆黒の樹林となり、闇景色が開いたり閉じたりの変化が飽きさせない。明星ヶ岳の山頂は木々やハコネダケに包まれてひっそりとして展望はないが、山頂部の緩い斜面に南向きに寝っ転がって闇を浴びると夜空は結構広く、気持ちいい。

明星ヶ岳から矢倉沢峠に至るまでは、気持ちのよい尾根道を、右に火山特有のなだらかな裾野の先の丹沢、小田原から相模湾や遥か東京スカイツリーの光、左に中央火口丘や金時山や富士山など、上に銀河系やアンドロメダ銀河と、果てしないスケールの夜景色が展開する。とくに広々とした明神ヶ岳頂上付近の大展望は素晴らしい。

カヤトの尾根道でも、ススキの分厚いブッシュ越しに小田原方面の光たちが微かにこぼれるところがあるのでまたチューチュートレインすると、ハコネダケと同様にブッシュの中で光っているように感じられる。笹もススキもシュッとした葉で、それがこの効果を生むのだろうか？

◉過去が丸見えになり幻の仙石原湖も

ある夏の深夜、明星ヶ岳から明神ヶ岳へ標高一〇〇〇メートル前後の天上の道を行くと、左手奥のカルデラ底に、芦ノ湖の水面がボーっと闇に浮かんできた。その眺めを楽しみながら歩いているうちに、ハタと気づいた。

芦ノ湖じゃない！　ここからだと芦ノ湖は中央火口丘の山々に隠れて見えないはずだ。では、今見えている湖はなんなのか。芦ノ湖以外に箱根に湖はない。いったいどういうことだ？

地図で確認してわかった。湖だと思ったのは仙石原だ。仙石原にはゴルフ場がいくつも広がっている。ゴルフ場の芝は周囲の木々の暗い緑に比べて明るく、平面的で広々としているから、夜、距離をおいて見下ろすと水面と見紛うことはよくある。でもそれだけではなく、周りの地形が、いかにもそこにカルデラ湖があるような感じだから、見えない湖水が見えてきたのだろう。実際、約二万二千年前に神山が噴火する前の仙石原は湖だったという。

闇の中では古い景色が見えてくるのだ。星降る夜にカルデラの天上の道を歩くと、二万二千年前に消えたといういにしえの仙石原湖の幻影が見えるのだ。

暗い暗い闇夜にはたくさんの星の光が見えるが、それは数年から一万数千年の時間をかけてやっと届いた光だ。アンドロメダ銀河の光は二百三十万年かけて地球に届く。つまり今、目の前に見えているのは二百三十万年前のアンドロメダ銀河の姿だ。満天の星とは、昔の光、いにしえの時間が浮かび上がった景色ということだ。その下に、無数の昔の光に照らされながら、二万二千年前にあった湖の幻影が見えてくるのは、なんだかとっても自然なことのように思える。

前期中央火口丘のお手軽コースもおすすめしておこう。箱根登山鉄道小涌谷駅から千条《ちすじ》ノ滝を経て浅間山と鷹巣山へ。そして登りとは違う道を下って千条ノ滝から小涌谷駅にもどるコースだ。千条ノ滝からの登りも下りも道は結構荒れているが、小涌谷駅と鷹巣山の標高差は三〇〇メートルほどしかない。浅間山に寄らずに鷹巣山へのピストンにすればさらに楽になる。楽ちんコースで行きと帰りに千条ノ滝を二度、たっぷり楽しむ。

夏の闇夜の千条ノ滝は、白い水飛沫《みずしぶき》が幻のように闇に浮かぶだけであとはまったくなんにも見えず、その暗さが心地いい。冬の月夜の千条ノ滝は、水が微妙に温かいので滝壺から濛々と湯煙が立ち上り、水飛沫も湯煙も月光に青白く照らされて女神でも現れそうな恍惚の空間になる。

箱根湯本駅から奥湯本、畑宿、飛龍ノ滝を経て鷹巣山へ登るコースも、車道歩きが長いものの変化に富み、見どころが多くておすすめしたい。ただ、畑宿から飛龍ノ滝への道などに落石の心配が強くあり、残念ながらあまりおすすめできない。昼間も落石は恐ろしいが、夜の落石はもっと恐ろしい。落石注意ポイントでは傘を差しながら歩くという手を使えば、ありかもしれない。大きな石には通用しないが、小さな石に対してはかなり有効だと思う。

中央線沿線の至福、扇山と大菩薩嶺

◉アプローチからなにから最高の夜山

東京近郊の夜山で、箱根山と並んで私が最も気に入っているのは山梨県東部の中央線沿線、桂川筋の山々で、とりわけ断然、扇山《おうぎ》（一一三八メートル）だ。初めてこの山に登ったのは高校の遠足だった。その後、まだ夜山に目覚めていない三十ちょいすぎのころに百蔵山《ももくら》（一〇〇三メートル）と合わせてデイハイクした。どちらもどうということはない大味な山という印象で、悪くはなかったが特段いい山だとは思わなかった。

だからある年の正月早々、初めて深夜にこの山に登ったときは大して期待していなかったが、これが死ぬほどよかった。というか、よすぎて死んだかと思った。味を占めて再び似たような季節に登ったら、やっぱりよかった。昼間の印象とはまるで違う。

まず、アクセスのよさが素晴らしい。高尾駅から五、六駅で、駅から歩いて短時間で登れてしまう。奥多摩方面などと比べて夜の電車の本数が多いのも嬉しい。東京近郊の一〇〇〇メートル級でこんなにアクセスのいい夜山は珍しい。

そしてアプローチからもう素晴らしい。いろんなアプローチがあるが、鳥沢駅から梨の木平を目指すコースがおすすめだ。駅からすぐに甲州街道の鳥沢宿で、家並みに宿場町の面影が少し感じられ、その向こうにもう、黒く重量感のある扇山の影が見えている。住宅地をゆるく登っていくが、すでに暗くて星がよく見える。そのまま住宅地を抜けることもできるが、ゴミ集積所のある二股を右へゆるく登りながら谷戸に入ると、あっという間に木立の中の幅の狭い闇道になる。街灯はなく、足もとが見えないものの足裏で路面を見ながら行くと未舗装の道になるが、大丈夫そうなのでそのまま無灯火でゆっくり闇を歩く。

といった感じで、アプローチからすっかり闇歩きモードで楽

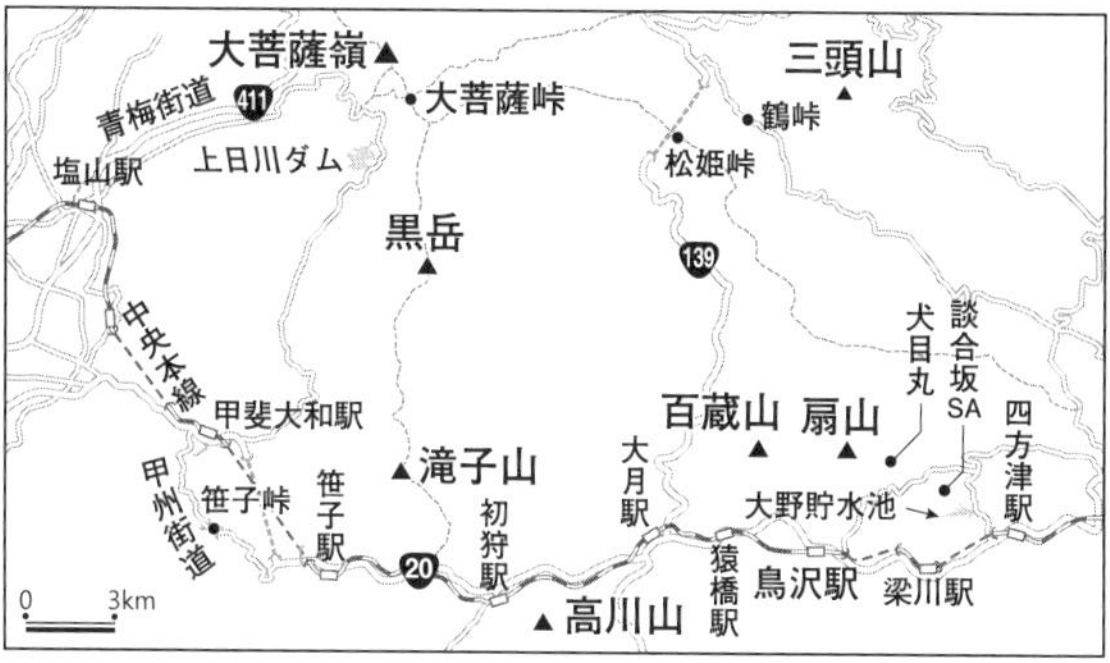

しめる。谷の奥から回り込むとまた舗装路になり住宅地を抜ける道と合流して、ゴルフ場沿いの街灯のない車道を引き続き無灯火で登っていく。常緑の木々に覆われて冬でもほぼ真っ暗で、右も左もわからないような区間もある。そんなときは頭上を仰ぎ見る。すると少し夜空が見えているところがあり、その下が道だとわかる。

闇のアプローチを無灯火で楽しんでいると、いつの間にか標高が上がって六〇〇メートル近くになっている。二車線の道と合流するとすぐ左手が梨の木平の登山口だ。

もう充分、闇を浴びたので、暗い梨の木平で闇弁して、二車線の道路をそのまま進んで、甲州街道犬目宿《いぬめしゅく》を経て梁川《やながわ》駅あたりをゴールにするという超軟弱コースでも満足すると思う。なんなら犬目宿まで行かず、中野へ下って鳥沢駅にもどる超々軟弱コースだって、ありだ。

◉山上も東京もこの世離れする

無論、山頂へ登るともっと大満足する。この先の山中にはトイレはないのでここで出すものは出して、扇観音に賽銭していよいよその先の登山道へ。スギの植林の暗い道は結構荒れていたりもするが問題はなく、沢音に耳を傾けたりしながら蛍歩きで快調に登っていく。水場を過ぎ山ノ神社奥宮祠で再び賽銭、その先に富士見ポイントがあるので闇富士を眺めつつ休憩。

正月早々のミッドナイトハイクでは、梨の木平で休憩中に雪が降りしきった。小降りになってから登り始め、スギの植林の先に落葉樹が増えてくると、道がうっすらナチュラルメイクの雪化粧をして明るくなったので無灯火で歩けた。やがて大久保のコルに着くと、白く広い尾根道が木々に挟まれてゆるゆると頂上へ延びていて、なんとも幻想的だ。凛とした風が尾根を渡って闇景色が恐いくらい美しい。この白道《びゃくどう》を登っていくとあの世へ行ってしまいそうだ。いや、ここはすでにあの世かもしれない。

広々とした山頂を積もったばかりの雪が純白に覆い、歩くとキュッキュッと新雪の感触が足に伝わって気持ちいいのでゾンビのように歩き回って楽しんだ。枯れ木のシルエットの上に満天の星、遥か遠くには亡霊のように白く浮かぶ闇富士が見える。

そんな闇景色に見惚れていたら、あっという間にガスって闇富士も星もまったく見えなくなったが、ほどなくガスが消えると一回消えた星空と富士山が壮大な手品のようにまた現れ、さっきよりますます夜気《やき》が澄み渡って星も闇富士も最高にクリアに見える。東側に目を転じると遥か東京の夜景もクリアで、六十五キロ以上離れた東京タワーも、七十キロ以上離れた東京スカイツリーの消灯後の点滅もはっきり見える。

それにしても東京方面の光はスゴい。とくに航空障害灯の赤い光が目立つ。近年、高層ビルがメッチャ増えたからだろう。こちらの闇に慣れてしまうと、人間があふれる東京のほうがこの世ではないような気がしてくる。ほんとうにまったくの別世界で、いくらそこへ行こうとしても決して行くことはできない幻の世界に見えてくる。これくらい東京が遠いと、そういう異世界感が結構いい。私の住む西多摩や高尾あたりの山からは東京タワーまで四十五キロ少々で、その程度の距離だと東京がそこまでこの世離れしないのだ。

◉下山しても最後まで大満足

山頂にずいぶん長居したあと下り始めると、さっきキュッキュしていた雪がもう凍って固い。滑りそうなので、藁縄を切ってトレッキングシューズに巻きつけるだけの縄アイゼンを試してみたら、なかなか効いている感じで、こういう浅い雪には軽アイゼンよりいいかもしれない。

扇山頂上からは東へ尾根伝いに犬目丸（八七四メートル）、荻ノ丸（七九四メートル）へ向かうのがいい。犬目丸は頂上の南側の傾斜が急なので、扇山よりだいぶ低いのに扇山以上に高度感がある。眼下の山間《やまあい》に雲が溜まっていて、その雲を控えめな町の灯りがやわらかく照らし出している。それが幾重もの山並みと組み合わさって、光の雲が闇の山並みに棚引いている感じで、その遥か先には首都の光の海の水平線ならぬ光平線が見える。西南に目を転じればここからも闇富士がよく見えて、ド深夜の犬目丸はこんなに素晴らしい眺めだったのかと、すっかり見直した。

荻ノ丸を巻くと、眼下にそこだけが昼のように明るい空間が見えてくる。中央道を利用する人には超おなじみの談合坂ＳＡだ。下り始めに若干、傾斜が急なところがあったくらいで、あとはとても下りやすい道でとくに危険なところはない。快適に下って新田の集落に出てもまだ標高は五〇〇メートルほどあり、またもや眺めがいい。

ここからは旧甲州街道の犬目宿跡を経て梁川駅へ下るコースと、談合坂ＳＩＣのそばを通り大野貯水池を経て四方津《しおつ》駅へ下るコースのどちらもおすすめだ。

犬目宿跡は直線の街道の幅とそれを挟んで向かい合う家並みに、宿場の空気感がある。建物は変わったが宿場の佇まいは残っていていい。そこからは南へ下り、その後再び山道を歩いて太田峠を越えるのだが、笹藪で道は細くてほとんど獣道だし、ほんとうにこれでいいのかという荒れ果てた道で、私が通ったときにはもう夜が明けていたから問題なかったが、ここを夜中に通ったらメチャクチャ不安だろう。とはいえとくに危ないところはなく、駅の近くまで実に変化に富んだ、見どころ盛りだくさんの飽きさせないコースで、大満足のミッドナイトハイクになることは間違いない。

夜明けの山間に静かに広がる大野貯水池は美しい。池面を水鳥たちの黒いシルエットと白い航跡と鳴き声が行き来する。池の近くに公衆トイレやテーブルとベンチがあるのがありがたい。そこから四方津駅までは二キロちょっとだ。

扇山の西隣、百蔵山のミッドナイトハイクも、駅から近いのに闇が濃くていい。初冬に歩いたら登るほどにガスってダメかと思ったものの、山頂直前でバーッとドラマチックに霧が晴れて満天の星となり、ご褒美感がハンパなかった。夜富士見という点では、さらに西の高川山がさらに素晴らしい。だが、とくに夏の週末は、すぐ北の谷間をバイクの群れが夜通しうるさく往来して、耳に残念な夜山になるので注意したい。

◉二〇〇〇メートル級の透き通った闇

中央本線はこのあたりから、標高二〇〇〇メートル前後の山々が連なる大菩薩《だいぼさつ》連嶺のエリアに入る。関西などと比べて東京は、標高一〇〇〇メートル以下の低山へのアクセスは劣るものの、二〇〇〇メートル以上の高い山へのアクセスは遥かに優れている。というかそもそも関西には標高二〇〇〇メートルを超える山がないし、なんなら西日本にもひとつもない。一方東京は、都内にすら雲取山という二〇〇〇メートル級の山がある。

私が最もおすすめするのは山小屋のない低山の森のナイトハイクだが、高い山のナイトハイクは、それはそれで低山のナイトハイクにはない極上の体験を楽しめる。なにしろ、夜気が全然違う。まるで闇が透き通るような……透き通っても闇は闇なのだが、なにか透明感のある凛とした闇になる。それは最も日本らしい、適温多湿のやわらかな闇とは違うのだが、それゆえの、体全体で感じる一際の非日常感、隔絶感は、やはりたまには味わいたくなる。

透明感というのはつまりは空気が薄くなることなのだと思う。標高一〇〇〇メートルでおおむね一割、気圧が下がる。つまり空気密度が一割低くなる。二〇〇〇メートルなら二割だ。空気が薄くなると頭痛などの高山病の症状が出やすくなるが、二〇〇〇メートル程度で高山病になる人はまれだ。私も、富士山以外の日本の山で高山病の兆候を感じたことはない（富士山では軽い頭痛がした）。

だが、高山病という嬉しくない形で空気の薄さを身をもって知るよりもずっと早く、標高二〇〇〇メートル程度で人は空気の薄さをなんとなく体感するのだと思う。一〇〇〇メートルくらいでも感じる気がする。そしてそれは夜の闇の中で、五感が鋭敏になった状態でとくに感じられるように思う。ひどくあたりまえのことを書いている気もするし、ひどく突拍子もないことを書いている気もするが、なんにせよ標高二〇〇〇メートルになると闇が透き通る。そう感覚することだけはたしかだ。

というわけで、大菩薩嶺（二〇五七メートル）だ。東京から最もアクセスのいい二〇〇〇メートル級の山は、雲取山よりもこの山だろう。今は甲斐大和駅から標高一六〇〇メートル近い上日川峠《かみにっかわ》まで路線バスが走っていて、楽々登れてしまう。だが、終バスが上日川峠に着くのが十五時半ごろであまりに早いのと、上日川峠からでは見逃してしまう素晴らしい森を歩くためにも、昔ながらの裂石《さけいし》からのオールナイトハイクをおすすめする。

◉いきなり深山

甲斐大和駅の二駅先、塩山駅から標高九〇〇メートル近くの大菩薩峠登山口へ行く終バスは、平日は十九時ごろ、土日祝は十八時半ごろに着く。上日川峠からと比べると倍以上の高さを登らなくてはいけないが、それでも雲取山に比べれば楽ちんだ。

初夏の土曜にここからオールナイトハイクをしたとき、バスから降りたらいきなり、いいにおいが迎えてくれた。見上げると近くのホオノキの白っぽい花が咲いている。蓮の花のように大きく立派で、その芳香の強さに驚いた。

ここからみそぎ沢沿いを遡上し、丸川峠を経て大菩薩嶺に登る。すると、山に入って少し登っただけで人間活動の音が一切聞こえず、素晴らしい。この時間、都市近郊の山だと、車や電車、救急車の音などいろいろやってくるのだが、そういう音がまったくない。山に入って二日目くらいのとても山深いところに来たような気分だ。

雨のあとなので沢音は大きく、シカやムササビやトラツグミや蛙の鳴き声も聞こえ、そして一晩中、ジュウイチが鳴いていたが、そういう音や声は夜山の静けさをかえって深める。

ジュウイチは、やや高い山にやってくる夏鳥で、ホトトギスのように昼夜を問わず鳴く。そういえばさえずりのリズムや間や声質が少しホトトギスっぽい。鳴き声が「ジュウイチ（十一）」と言っているように聞こえるためその名があるという。だが、ジュウイチというより「ジュウイチニ（十一、一二）」と言っているように聞こえる。小学六年生が十一歳から十二歳だから、ショウロクと呼んだほうがいい。

丸川峠への登りは、たまに道から逸れたら死にそうな箇所があるが、道を外さなければ問題ない。大菩薩嶺の頂上付近は木に囲まれているが、その先の雷岩あたりからの稜線はまるで森林限界を越えたかのようで、絶景の連続になる。あいにくこの夜はガスに包まれ展望はあまりなく、広々とした狭いところを歩いている感じだった。だが、いくら視界が悪くても二〇〇〇メートル級の夜気はやはり凛として透き通っていて、錫杖《しゃくじょう》の音が似合いそうだった。

あちこちにケルンのある賽ノ河原を霧深い深夜に歩くと、あの世の本物の賽の河原に迷い込んだ気分でゾクゾクする。洞窟のような休憩舎に入るとほぼ完璧な真っ暗闇で、腰掛けてリュックの中をまさぐったら、カレーパンの袋が気圧差でパンパンに膨らんでいた。この程度の標高でもやはり明らかに空気が薄いのだ。

◉鯨や巨神兵の森

この休憩舎に食べ物を求めて熊が入ってくるようになったら最悪だから、闇弁後は、このときばかりはライトを使って食べかすを落としていないか入念にチェックしてから外に出る。大菩薩峠の介山荘の横から、歩きやすい土の道を下って福ちゃん荘へ。福ちゃん荘の脇を抜けてまた山道に入り、快適に下って上日川峠に出る。

ここからの下りこそが最高の見どころのひとつだ。とくに霧の夜は稜線よりもこっちのほうが見どころだ。ブナなど広葉樹の大樹の多い素晴らしい天然林が延々と続く。稜線では残念だった霧が夜明けの森を美しく幻想的にしていて、森の精がいつ大木の後ろからひょっこりしてもおかしくない。倒木も目立ち、秋に来たことはまだないが、いかにもツキヨタケが見られそうだ。海面から巨体を持ち上げる鯨や、斜面を這い下る巨神兵を思わせる倒木もあって、この森では生きている木だけでなく、死んでいる木も生き生きしている。生き生きと朽ちていく。しっかり暗いとよくわからないので、ここは夜明けごろに通るのがベストだ。

夜明けの森を堪能しながらのんびり下り、エドヒガンザクラの大木と檜皮葺の雲峰寺に寄って大菩薩峠登山口バス停へもどり、始バスを待つ。だいぶ待つようならもう少しだけ下って、門だけが不時着したかのように佇む黒門を見て、大菩薩の湯バス停のベンチに座って待つほうが快適だ。

というわけで大菩薩嶺はおすすめの山ではあるのだが、やはり標高一五〇〇メートル前後から上の山は、休みたくなる要所要所に山小屋やキャンプ場があって人の気配があり、寝ている人の迷惑にならないよう静かにしたり、そそくさと立ち去ったりするのはちょっと不自由な感じがしてしまう。山小屋などのない低山のほうが、山の独占感、解放感があっていい。扇山を推す大きな理由はそこにある。

第九章

関西
ナイトハイク
コース

水の六甲摩耶ナイトハイク

◉毎夜登山もできる奇跡のアクセス

関東に対して関西が誇るべきこと、東京に対して京都が、横浜に対して神戸が誇るべきことは、歴史だの文化だのなんだのいう前になにより、山が近いことだ。大阪市街からあっという間に箕面《みのお》や生駒《いこま》に着くし、京都も奈良も市街が山に囲まれ、大津も和歌山もどこもかしこも、東京などと違って日常のすぐ傍らに闇が残り、闇が豊かな恵まれたエリアなのだ。

とくに神戸市街からの六甲山地の近さはとんでもない。神戸にとって裏山が六甲摩耶《まや》だ。ほんとうに裏山からそのまま六甲山（標高九三一メートル）や摩耶山（七〇二メートル）に通じている。これほどの高さの山が大都市に密接しているところは、山だらけの日本でもここしかない。

中でも新幹線と地下鉄の新神戸駅は、闇が近いなんてレベルではない。瀬戸内海と六甲山地に挟まれた狭い平地に大都市がぎっしり詰まっていて、その山際に新駅をつくったから、駅から徒歩一分で山の闇に入れる。

異人館街に通じる北野道（背山《はいざん》散策路）の闇へは駅のすぐ裏から入っていけるし、その前に駅の脇を下れば生田川の畔の闇。川の真上にドーンと新神戸駅の腹が横たわっていて圧倒される。しかも日本三大神滝のひとつ、布引《ぬのびき》の滝に徒歩五分で着く。役行者《えんのぎょうじゃ》が開いたという霊山の、玄関口どころか玄関の中のタタキ的な場所に駅があるのだ。そして滝からすぐに摩耶山の闇へ入っていける。

新幹線や地下鉄を降りたらすぐ名瀑があって、そのまま標高七〇〇メートル以上の山に登っていけるなんて夢のようだ。しかも、横浜の中心地から思いきり遠い新横浜駅と違って、新神戸駅は神戸の中心地である三宮の駅から一キロちょっとしか離れていない。だから名瀑も摩耶山も三ノ宮駅・神戸三宮駅から近いし、摩耶山の登山口は王子公園駅や六甲駅、春日野道駅などからも近い。よく整備されたたくさんのコースが、いろんな駅の近くから始まっていてよりどりみどり。毎日登山ならぬ毎夜登山もできてしまう。ロープウェイやケーブルカーもある（ただし、さっさと山上に行きたいわけでなく、山中の闇をじっくり味わいたいのだから、麓から全部歩くの

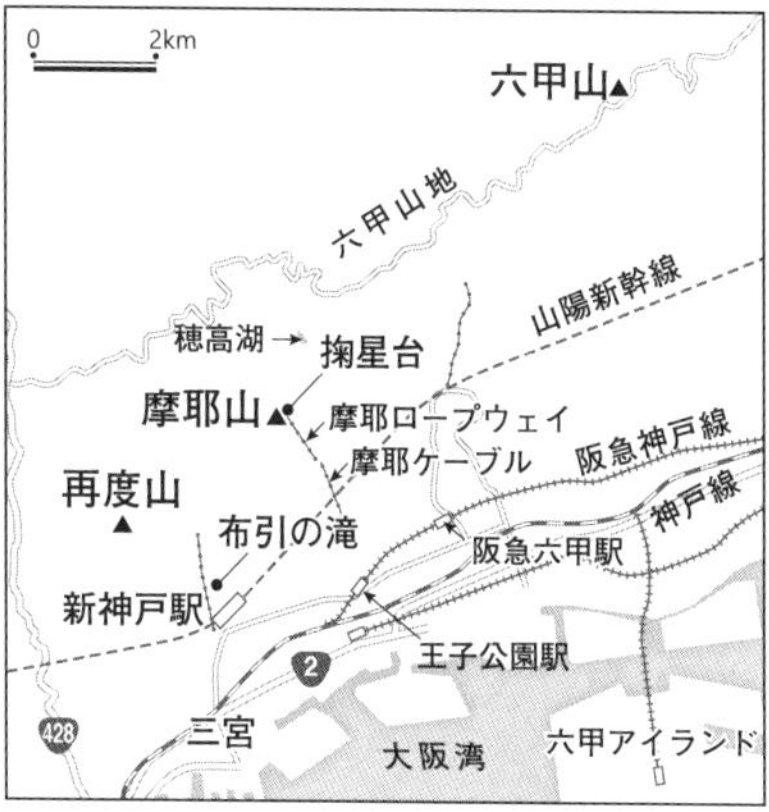

が基本)。

アクセスだけが六甲摩耶の魅力ではない。大都市が迫っているから夜景がスゴい。摩耶山掬星台《きくせいだい》(六九〇メートル)からのいわゆる千万ドルの夜景は、あまりにも有名だ。東京タワーのトップデッキは地上二二四メートル、東京スカイツリーの天望回廊の最も高いところで四五一メートルだから、それらより遥かに高い超絶のタワーが建っているようなものだ。

ほかにも数百万ドルレベルの夜景は山のあちこちから楽しめて、そこらじゅうが夜景の名所だ。宵の掬星台では大勢で千万ドルをシェアするが、ナイトハイクをすればあちこちで数百万ドルを独占できる。

摩耶山は市街だけでなく海にもとても近い。日本を代表する国際貿易港の神戸港が近いから、ときおりボ――――っと汽笛が聞こえてきて、その音が森の闇に深く染み入る。

それもまたこの山独特の魅力だが、神戸からの六甲摩耶ナイトハイクの最大の魅力は、水音と水飛沫《みずしぶき》だ。六甲山地南面を流れる沢の水は、何百メートルもの標高差を一気に海へ下る。だから、天然と人工の滝だらけで沢音が実ににぎやかで耳に心地よく、マイナスイオンだらけの夜気《やき》は肌に心地よく、夜の光に浮かび上がる白い水飛沫は吸い込まれるように夢幻的で目にも心地よい。昼間でも水音や水飛沫は心地よいが、五感が鋭敏になる闇の中では心地よさが増幅される。

◉天狗気取りで闇の山頂へ

水と夜景の摩耶山の魅力を味わい尽くそうと、神戸市街から摩耶山へのさまざまなコースと周辺のコースを歩いてみたが、実に変化に富んでいて楽しい。その中で夜山的に最もおすすめなのは、新神戸駅から布引の滝を経て稲妻坂、天狗道から摩耶山に登頂、掬星台に寄ってから上野道を下って阪急神戸線王子公園駅へ出るコース。

道標がしっかりしていて道迷いの心配はほとんどないが、実は最初が一番迷うかもしれない。私は初めて布引の滝を訪れたとき迷った。新神戸駅のガード下にデカデカと布引の滝への道が示されていて、駅舎の一階からガラス越しに見えているが中から気づきにくく、駅舎内には案内がないのでわかりにくい。駅舎を潜《くぐ》る道路を山側（北側）へ行き、一九〇〇（明治三十三）年竣工の煉瓦の砂子橋《いさご》を渡って布引の滝の遊歩道を行く。

雄滝《おんたき》、雌滝《めんたき》、夫婦滝、鼓ヶ滝からなる布引の滝は、駅から徒歩五分とはとても思えない見事な滝の集まりだ。とくに雄滝の花崗閃緑岩の岩壁が雨に濡れると、岩肌が銀色に輝いて実に美しい。残念ながら闇夜は暗すぎて滝がよくわからないし、ここの遊歩道は通行時間が六時から二十時までとされているので、夕方にスタートするか、ミッドナイトハイクで朝方にここへ下りてこよう。

雄滝の前からおんたき茶屋を経てなかなかの眺めのみはらし展望台へ登り、階段を登って車道に出て少し登ると、右に登り口がある。そこに、このコースは難路で道迷いが多発していて危険だと書かれているが、登り始めてすぐの道迷いポイントはわかりやすく処置されてあり、道は細いが整備されていて問題なく歩ける。

神戸布引ハーブ園に接するところで電灯が三基あり、ハーブ園内の灯りもあるが、すぐにハーブ園から離れて再び闇に入り、六甲全山縦走路に合流する。ツツジの季節は、昼はコバノミツバツツジやヤマツツジ、モチツツジの暖色系の大きな花が目立つが、日が暮れるとシロバナウンゼンツツジの小さな白い花が夜目にやさしく目立つ。

二十時までは、みはらし展望台の前から布引貯水池方面への遊歩道を通れる。遊歩道に電灯が点るが、一九〇〇(明治三十三)年竣工の布引五本松堰堤のあたりは電灯がなくていい感じだ。貯水池の畔を回り込んで市ヶ原から全山縦走路に入ることもできる。

全山縦走路の天狗道はハードな登りともいわれるが案外登りやすく、よく整備された露岩帯の道を天狗気取りで快適に山頂へ向かう。天狗道にアドベンチャーコースが合流する手前の、コースからちょっと外れたところに角材ベンチが二つある小ピークがあり、木々に守られて心地よく休憩できる。そこからひとしきり登れば頂上直下の車道に出る。

天狗岩などがある摩耶山の頂上部は、木々に包まれて暗く静かで、すぐ近くの掬星台の明るさ、にぎやかさと対照的だ。掬星台には宵のうちは大勢の日本人や外国人が車やロープウェイを使って訪れるが、そこから歩いて十分程度の頂上部では夜に人に会ったことはない。春、暗い頂上で耳を澄ますと遠蛙が聞こえる。西側の老婆《ばば》谷の水源に池があるようで、そこからモリアオガエルの鳴き声が湧き上がってくる。「ウホホホホホホ」とフクロウの声も聞こえる。

掬星台の千万ドルの夜景はさすがにスゴい。子どものころ、親に連れられてここを訪れたときは百万ドルの夜景と呼ばれていたが、たしかにそのころの十倍くらいゴージャスになったかもしれない（当時、千万弗展望台は存在していたが）。広々とした掬星台にはいろいろ灯りがあるものの、照明が案外控えめで悪くない。黄砂がひどい夜もあったが、ドルは安くなるもののやわらかい夜景になって、それはそれで悪くなかった。この広場から見上げると、航空障害灯が二つ並んだサンテレビの電波塔が、光る赤い目のカマキリ的な怪物に見えて結構いい。

頂上の北側には摩耶自然観察園があって、一部の園路は隈笹の藪になっていたりするものの、園内を散策できる。園の西縁には海の丘というテーブルとベンチのある展望スペースや、風の丘という四阿《あずまや》と展望デッキのある広場があって、どちらもゆったり休憩できる。園内のあじさい池はモリアオガエル聴きの名所と言っていい。春から初夏にかけて毎晩たくさんのモリアオガエルがにぎやかに合唱する。園路を池辺まで下りていってもふつうに鳴いていて、近づくとすぐ鳴き止むカジカガエルとは大違い。池辺のベンチに腰かけて至近でモリアオガエルの合唱に浸ることができる。

◉イノシシの山の若い山上遺跡群

頂上一帯でいろいろ楽しんだら、上野道を摩耶山史跡公園へ下る（頂上から下る奥の院道と掬星台の近くの車道から下る観音道があり、少し下ると合流するのでどちらでもいいが奥の院道がおすすめ）。一九七六（昭和五十一）年に焼失した天上寺という広大な山寺の跡だ。天上寺はその後、一キロほど北の山上に再建された。まだ五十年に満たない若い遺跡群だが、だれもいない夜に歩くと別の世界線を歩いている気分になる。

親子杉の倒木の下を潜ると、旧天上寺境内の広々とした中心部に着く。そこからの夜景もなかなかだ。参道の石段を少し下ると摩耶の大杉さんの道標があるので右へ。大杉さんのシルエットは存在感満点だ。枯死しているが、夜は生き物感が強い。参道にもどってまっすぐ下り、唯一焼けなかった仁王門を潜った先にも茶屋跡があって、あちこち見どころだらけの遺跡群がまだ続く。虹の駅方面への分岐で阿福地蔵さんに賽銭。そのあたりにもまた茶屋跡があり、ここも眺めがいい。虹の駅方面へ行くと千万弗展望台跡の松越しの夜景もいい。

あらかた下るとなんとなく五鬼城展望公園となり、もう市街のすぐ近くだが、展望広場があって、ここからの夜景も数百万ドルしそうで素晴らしい。市街からちょこっと闇を登っただけで数百万ドルだなんて神戸はほんとうにとんでもない。

ただし！　六甲山地のもうひとつの特徴は、イノシシがとても多いことだ。六甲をナイトハイクすると必ず近距離でイノシシに会うし、あちこちにヌタ場やイノシシの足跡や獣道がある。山の上のほうはイノシシの痕跡や気配は少しだけだったが、市街が近づくとどんどん激しくなり、この展望広場のあたりはとくにスゴくて、繁みの中でガサゴソしまくっている。

しかもそうとう近づいても食事に夢中でこっちに気づいてくれず、すぐ近くでずっとガサゴソしている。展望広場は擬木の柵が一応あるからいきなり突進されることはないが、柵の下は潜れるし回り込めばすぐ柵の内側だ。それにあまりに近いし何頭もいる。

さらに頭上の木の上はカラスのねぐらで、カラスたちも闇夜に大声で飛び立ってもうなんかホラー映画みたいな情況に。ビビりまくって、のんびり夜景を楽しむ気分ではなかった。ほかのコースでもイノシシに会うのはやはり市街の近くだった。

そういえば、布引の滝の近くの曲がり角で、冬にイノシシの母子三頭に鉢合わせしたこともあった（イノシシは冬眠しない）。その距離わずか二、三メートル！　私は固まったが、向こうは全然こちらを気にせず、食べ物を探しながらのんびり去っていった。こんな至近距離でイノシシに無視されるなんて、東京近郊では考えられない。そうとう人に慣れているようだが、野生は野生だ。なめてはいけない。いろいろ問題はあろうが、なめてはいけない獣や闇とこの先もうまく共存していけるなら、神戸は都会としてとてもカッコいいと思う。

さて、ドキドキしながら展望広場をあとにして観音寺川の沢音で心を落ち着かせ、小さな墓場を左に見ながら下る（夜は気づきにくいが、右手には赤単管格子で入り口を塞いだ穴があり、懐中電灯で照らしてみると中が結構広い。防空壕だろうか）といきなり住宅街に出るので静かに通ろう。南欧の古城風の校舎がカッコいい県立神戸高校の西縁を下り（いきなり住宅街に出ずに神戸高の東縁の観音寺川沿いを歩くほうがいいかも）、青谷川沿いを下れば王子公園駅は近い。青谷橋を渡って新神戸駅にもどってもさほど遠くない。

このコースを逆に辿って朝六時すぎに布引の滝に着くミッドナイトハイクもおすすめだ。夜の山上遺跡に正面から入っていくと肝試し感が強くていっそうゾクゾクする。

上野道を登ったら、下りは仁王門の下から青谷道を下るのも悪くない。立派な木が多くにぎやかな沢音が心地よく、王子公園駅前までずっと安全に水の摩耶山を味わえる。ただし、不動の滝の行場から先は簡易舗装の道になり、街灯のない区間もあるものの、基本、街灯の照らす道になる。イノシシ対策らしきセンサーライトも点灯したりして（まさにそのあたりでイノシシ様御一行と出くわした）、昼間はいいコースだろうが闇歩き的にはイマイチだ。

◉モリアオガエル天国を下る

水の摩耶山といえば、実は一番楽しかったのは掬星台からアゴニー坂を経て穂高湖の周りを一巡りし、杣谷峠からカスケードバレイを下って阪急神戸線六甲駅へ下ったときだった。夜のカスケードバレイは、山歩きと闇歩きに慣れていないと迷う確率は約百パーセントで、ナイトハイク初心者にはおすすめできないが、水の摩耶山を存分に楽しめるコースだ。

穂高湖方面へ遊歩道を少し歩くと、コースから右にちょっと行ったところに「摩耶の石舞台」という展望スペースがある。もう好展望に麻痺しているが、ここもまずまずの夜景を楽しめる。穂高湖は湖というより池だが空が広く、夜は湖上のボードウォークで大の字休憩するのがいい。近くに自然体験施設があり、その灯りが見えるところでは若干気になるがそれほど強い光ではない。

周遊路を巡って飛び石伝いに沢を渡ったり、堰堤の水音を楽しんだりしたあと、明るく光るトイレのある杣谷峠からカスケードバレイを下る（とことん歩きたければここで下らずに全山縦走路を六甲山頂上を目指してもいい）。沢を何度も石伝いに渡って、渡った先の道がわかりにくかったり、そもそも渡るべきかどうかわからなかったり、夜はかなり道を見つけるのがたいへんで、アドベンチャーなコースで楽しい。

沢の水飛沫や音だけでも心地いいが、堰堤が多く人工の滝だらけで、闇に白く浮かび上がる水飛沫も谷に響く音も変化に富んでいて飽きない。とくに、麓に近づいたあたりに、垂直に近い高い壁を直瀑のような猛スピードで滑《なめ》て落ちるのが間近に見られるところがあり、波状の白い水飛沫が次々に滑て落下していくさまが目に気持ちよくて見入ってしまう。ある堰堤の巨大な壁に開いた小さな水抜きから、ドバドバ白く落ちるのも見入ってしまう。

忙しく堰堤があるため水溜まりがちょくちょくできているようで、次々にモリアオガエルの合唱が聞こえてくる。モリアオガエルの道という感じだ。ハーブ園のあたりや穂高湖でもこの蛙の声を聴いたし、春の六甲山地はモリアオガエル天国だ。

新神戸駅からは、雷声寺境内を経て旧摩耶道《もとまやみち》を登るコースも駅から山が近い。雷声寺門前からの眺めもよく、続いて石段をガーッと登る途中で振り返るとさらに眺めがいい。ほんとうに眺めがいいところだらけだ。だが、門前の掲示板を見ると十七時から七時まで通行不可で、日の短い季節以外はナイトハイクは難しい。また、昼間は問題ないが、夜は道を踏み外すと大事に至りかねないやや危ないところがある。

新神戸駅からは摩耶山だけでなく、城山（三二三メートル）か北野道を経て再度山《ふたたび》（四七〇メートル）方面などへ登るコースもある。城山へのハイキングコースの入り口は駅から徒歩一分ほど。六甲の山は神戸市街に面した南側が、立派な滝がいくつもあることからもわかるように、地形が激しい。城山のコースも少し登っただけでなかなかの高度感で「絶景かな、絶景かな」だ。

六甲は花崗岩の山で、花崗岩には白っぽいものが多いので、東京近郊の山に比べて夜の山が明るい。冬枯れの山はとくに山道から派手な夜景が丸見えなので、直射日光ならぬ直射街光が照りつけて懐中電灯の出番がない。こんなに近距離からこんなにたくさんの光に照らされまくる山地はほかにないだろう。この直射街光の激しい山と、谷間《たにあい》の穏やかな闇の両方を楽しむと、水風呂と温かい湯船の両方に浸かったような気分だ。

直射街光といっても昼間に比べればとても暗く、暗いと高さへの警戒心が弱まる。城山への道は整備された歩きやすい道で昼間は問題ないが、猿のかずら橋からの登路は、夜は気をつけよう。道をちょっと外れると崖を転げ落ちる。

京都東山ディープサウスでお闇する

◉世界一の夜山か

京都もまた、市街からかんたんに山へ入っていける素晴らしい都会だ。たとえば、JR東海道本線山崎駅からちょっと歩くともう天下分け目の天王山（二七〇メートル）の登山口で、そこから北摂の闇の深いところまで登っていける。嵐電や阪急の嵐山駅やJR嵯峨嵐山駅から百人一首で知られる小倉山（二九六メートル）もとても近い。清水寺の脇からすぐ東山の森の闇へ入っていけるし、叡山電鉄鞍馬線はご近所登山電車といった感じであっという間に闇放題、霊峰比叡山《ひえい》（八四八メートル）も、叡山電鉄本線修学院駅から徒歩二十五分ほどでもう雲母坂《きららざか》登山口だ。あっちからもこっちちからもいろんな山へ入っていける。

中でも、東山三十六峰最南端の稲荷山（二三三メートル）は紹介しなくてはいけない。京阪本線伏見稲荷駅やJR奈良線稲荷駅からすぐの、伏見稲荷大社の山だ。伏見稲荷大社は言わずと知れたお稲荷さんの総本宮、お狐さまたちの都。トンネルのようにびっしり連なる千本鳥居で有名だが、稲荷山には千本どころか全部で約一万基あるらしいので、全体を万本鳥居と呼んでいいと思う。

その万本鳥居を巡る道が稲荷山の山登りのコースになっていて、ここを巡拝することを「お山する」という。ハイキングのガイドブックで紹介されるような山ではまったくないものの、標高差二〇〇メートルほどを一気に登るので立派なハイキングといえよう。伏見稲荷大社の観光客数は年間千万人といわれ、その大半がお山するだろうから、高尾山の登山者より多い。とても低い山とはいえ、世界一登山者数が多いのはこの稲荷山といったほうがいいかもしれない。

それだけではない。年中二十四時間自由に巡拝できるので、日没後も世界中からの観光客がたくさん登っている。だから稲荷山は、今やナイトハイクの人数も世界一多い山といえそうだ。富士山と並んで世界的に大人気の、日本のナイトハイクの代表ともいえる山になっているのだ。

しかも！　実はこの山は、光と闇のコントラストが強烈な、唯一無二のナイトハイクを楽しめる特別な山でもある。万本鳥居の赤い空間をお山することと、右も左もわからない森の闇をいわば「お闇する」ことがセットでコンパクトに楽しめてしまうのだ。稲荷山の表と裏を歩き、お山してお闇するナイトハイクへ出発しよう。

◉お山からお闇へ

万本鳥居を巡るコースはよく整備され、鳥居の外から電灯が石段と石畳の道を照らしているので、日が沈んでも街歩きの格好で問題なく歩ける。夜になっても結構な人出だが、飛び交うのは外国語ばかりで日本語は滅多に聞こえてこない。

初めて夜に登ったとき、一ノ峰で単独行の若い男性が「ここが頂上か」と英語で訊いてきた。上海から来たという。夜、ひとりで外国の山に登るなんて、日本以外ではなかなかできることではないだろう。

商店街で稲荷寿司を買って、せっかくだから国鉄最古の建物だというＪＲ稲荷駅のランプ小屋を見てから伏見稲荷大社へ参ろう。内拝殿などで賽銭して、本殿の左手から万本鳥居のお山に入っていく。途中、鳥居の列が少し途切れて、天龍・地龍の狛龍のいる伏見《ふしみ》神寶《かんだから》神社への階段状の坂が右に分かれる。そ

れを登って万本鳥居を見下ろすと、鳥居たちが四方から大勢寄り合って話し合っているみたいでおもしろい。

巡拝コースにもどり、新池などを経て標高一六二メートルほどの四ツ辻へ。道中で最も眺めがいいところなので、京都市街と西山の夜景色を眺めながらしばし休憩。ここから右へ登ると三ノ峰、間《あい》ノ峰、二ノ峰を経て稲荷山の頂上（一ノ峰）に着くが、左へ行っても一ノ峰に着く。三十分ほどでお山を周回できるので、なんならいったん一周してしまおう。

もちろん、お定まりの巡拝コースを歩くだけでは電灯の光が絶えることはなく、闇に浸れない。だが、一ノ峰の少し東（一一九番通報ポイント番号五十三）から土の山道に入ると、その先はもうがっつり闇だ。四つ並んだ鳥居のあたりに電灯が一基あるが、点っているのを見たことはない。鳥居たちを潜って十字路を左へ細い山道を行き、少し下ってから登り返す。昼間でもほとんど人に会わないが、夜は全然出会わない。木々に覆われた闇の中に立派なお塚や将軍菩薩やなんやが現れ、裏稲荷山という感じ。光と人があふれる巡拝コースとのギャップがいい。ほどなく三等三角点のある小広い西野山頂上（二三九メートル）だ。道標はなぜか西野山方面に×が記されているが、なんの問題もなく行ける。頂上は展望が皆無だがそれでいい。闇に守られてのんびりできる。

西野山頂上からは右（東）へ山科《やましな》の大石神社方面へ下る道と、北へ伏見稲荷大社山科参道の峠方面へ下る道に分かれるが、どちらもおすすめだ。

大石神社は、『忠臣蔵』で有名な大石内蔵助が例の討ち入りの前に隠棲したあたりに、一九三五(昭和十)年に建てられた。京都の中心地に近いが東山の裏側なので、たしかに人目を避けるにはいい場所だ。

初めてこの道を闇歩きしたのは盛夏だったが、山科へ下っていくと涼風が抜けるなんとも心地よい場所があったので、立ち止まって闇にじっくり浸かっていると、だんだん、水音がわずかに聞こえるような気がしてきた。地形的に見て、いかにも沢の源頭という感じだ。気持ちいい闇をたっぷり浴びてから少し下ると、国土地理院の地形図にはない小さな沢が始まった。

なんとなく心地よいと闇の中で感じた場所は、そこに水はなかったが、やはり沢の源頭だったのだ。沢の源を体感したのだ。闇を歩いているとこういうことはちょいちょいある気がする。沢の源は、闇の中で感じ取れるものなのかもしれない。闇の中では聴覚が鋭敏になるから微《かす》かな水音もとらえるし、肌は水気を含んだ夜気をとてもよく感覚するように思う。

沢沿いを下って山科側の道路に出たら、フェンス沿いの坂を下って西野山公会堂を回り込んで新十条通へ。この広い通りをひたすらだらだら下れば左に地下鉄東西線椥辻《なぎつじ》駅の出入り口が現れる。

◉竹林に白虎

西野山頂上から北へ下る道は、暗い竹林を通って五叉路になった標高一七〇メートルほどの峠に着く。春の夜に歩いたとき、イノシシが土を掘り起こした跡が多く、筍を食べた跡も見られ、獣の気配も感じられた。ふだん、竹林の闇に獣の気配はあまりないが、春は筍を狙ってイノシシがうろつくので一気に気配が満ちて、ただでさえ暗くて怖い竹林の闇がいっそう怖い。

大いにビビりながら歩くと、竹の間から白虎が現れそうな気がしてしまう。東京の竹林ではそんな妄想は湧かないが、京都だと、なにかの間違いで屏風絵のように竹林に虎が現れるという妄想が捗るのだ。もし虎に腕を咬みつかれたらソヨプ刀を……いや、なんでもない。

山科参道を左（西）へ下ろう。要所に山科ハイキングクラブによる道標や赤いテープはあるものの、夜は目に留まりにくくちょっと迷いそうにもなるが、沢筋を下っておおむね問題なく清瀧社という行場に着く。清瀧社には電灯があるが点いておらず、闇が溜まっていた。特別な夜だけ灯るのだろうか。

そのまま沢（三ノ橋川）沿いに電灯のないダートの林道的な道を、フクロウの声を聴きながら快適に下ると、やがて畑が見えて竹林があって鳥居を潜って住宅地に出る。その先、左手の階段を登って落ち着いた住宅街をだらだら下る。

この一帯は御陵だらけで宮内庁があちこちの闇を守ってくれているわけだが、駅へ向かう途中、住宅街の中に何気なく九条陵《くじょうのみささぎ》・月輪南陵《つきのわのみなみのみささぎ》参道の入り口があって、その先に外灯などはなく、闇が溜まっている。参道を登って振り返ると、東福寺の闇の向こうに京都駅ビルと京都タワーが謎の城塞のように光っている。

もう京阪本線鳥羽街道駅が近いが、スルーしてJR京都駅まで歩いても二キロ程度だ。交通の便がよすぎるし、どこを歩いてもすべてが近い。新幹線を使って東京から日帰りナイトハイクも楽々できる。実際、私は二度目の稲荷山ナイトハイクのあとは、その夜ののぞみで東京に帰った。東京行きののぞみは二十一時半すぎまである。

だがこのルート、闇からいきなり民家の庭先に出てしまうので、昼間はいいが夜は憚《はばか》られる。九条陵・月輪南陵参道も民家にやや近く、少し憚られる。なので、清瀧社から南へ登って光の稲荷山にもどるのが無難だ。巡拝コースまではあっという間だ。あるいは、三ノ橋川沿いの道を少し下ってから左（南）へ白瀧社へ行き、そこから荒神峰経由で四ツ辻に登り直す。そのほうが少し長く闇を歩ける。ほかにもいろいろと道が通じていて、何度でもしつこく楽しめる。

◉ナイトハイク大国として

そんなわけで稲荷山は素晴らしいのだが、素晴らしいがゆえにとても気になるのが、境内に夥《おびただ》しい数の人がいるのに、内拝殿などで賽銭して拝む人が滅多にいないことだ。初詣は別として、ほとんどの人が拝殿や本殿に近寄りもせず、千本鳥居に飲み込まれていく。たまに日本人がいて賽銭して柏手を打っていく。というか逆に、賽銭しているから日本人だとわかる。それほど、外国人はほぼ賽銭しない。

賽銭という文化を知らなければそうなるのは当然だ。私たち日本人は、賽銭について世界にもっと知らせていかなくてはいけないと思う。信仰だなんだという前に、自主的な拝観料、入場料、入山料として、この場を維持してくれていることへの感謝と敬意の念の表れとして賽銭を考えるべきだということを。

それにしても、外国人にはほんとうに鳥居が好きな人が多い。以前、サンタフェで、エクステリアとして鳥居を建てている家を目にした。その気持ちは鳥居慣れした日本人の私にもよくわかる。あんなかんたんなものでしっかり世界を分け、強力なバリアを張ってしまう。

それが無限城のように延々と続く異世界が、外国人を惹きつけるのは当然だろう。そこでは毎日、写真と動画の自撮り他撮り祭りで、ただでさえ混んでいるのに撮影待ちでさらに大渋滞になっていて、夏の富士山登山道を思い出す。渋滞自体が異世界で、それはそれでいい。

ふつうは撮影にさほど時間がかからないからちょい待ちくらいだが、なかなか列が動かないなと思ったらその先に、モデルのようなスタイルの、でもきっとモデルではない外国人女性が、鳥居の柱に片手をついて、横を向いて斜め上に遠い目をするいかにもなポーズで撮ってもらっていて、渋滞に拍車をかけていた。

急いでいなかったのでさらなる渋滞は問題なかったのだが、気安く鳥居に手をついていることに強烈な不快感を覚えた。そして、そんな感情が自分の中から湧いてきたことにびっくりした。考えてみたらたしかに、私はどうしても素材感を手で感じたいときでなければ鳥居に触ることはないし、ほかの日本人が気安く鳥居を触るのもまず見ない。鳥居は気安く触るものではないということを初めて意識した。

ありがとう、外国人女性。そして鳥居に手をつかないでカッコつけてください。ナイトハイク大国として（なんだそれ）、そういうことも世界の人々に周知させていかなくてはと思ったのだった。

おわりに

昔の日本人は、月夜はもちろん闇夜でも、最小限の灯りを使うだけで夜を過ごし、夜に遊んできた。今の日本人よりずっと闇に親しみ、夜目を使って闇を見てきた。

だがそれでも、夜山に登るときには松明《たいまつ》や提灯《ちょうちん》で道を照らした。室町時代後期から現代に至る一般人のナイトハイクの歴史の中で、灯りはつねに使われてきた。ナイトハイクの歴史は灯りとともにある。令和の今ももちろん、ナイトハイクで灯りを使うのは常識中の常識。明るいＬＥＤのヘッデンや懐中電灯を点けっぱなしして歩くのがふつうだ。

だがこの本では、ライトを一瞬点けたらしばらく消す蛍歩きや、無灯火のナイトハイクを推奨している。松明、提灯などの火は、ちょこちょこオンオフを切り替えられないが、電灯ならそれができるから、闇に親しむ蛍歩きが可能になる。ＬＥＤとボタン電池の時代になったおかげで、懐中電灯を小さくして掌中電灯にしても、充分すぎる光量を長時間にわたって得られるようになり、ますます蛍歩きがやりやすくなった。

蛍歩きに慣れると、どんどん無灯火に近くなる。だから今や、昔よりもさらに闇に親しむナイトハイクが可能になっている。場合によっては完全無灯火で夜山を歩ける。その一方で、いざというときは極めて明るいＬＥＤライトを取り出して、すぐさま強く照らすことも可能だから、昔より闇に親しみながらも昔より光を当てにできる、新しいナイトハイクが可能になっているのだ。

月夜闇夜我らが宿り。明るいヘッデンを消して、光を掌に収めて闇を歩こう。


この本は大半が書き下ろしだが、『子供の科学』（誠文堂新光社）の連載「夜を探検しよう！」（二〇一二〜二〇一四年）やウェブメディア『さんたつ』（交通新聞社）の連載「闇で逢いましょう」（二〇一九年十月〜）、ムック『星空さんぽ　ガールズ・スター・ウォッチング・ガイド』2014-2015 autumn/winter no.3（誠文堂新光社）掲載の「ムーンライトハイクと月遊びの世界」、『怪と幽』vol.011（ＫＡＤＯＫＡＷＡ／二〇二二年八月）掲載の「息だけの女と竹の怪獣」、『望星』二〇一六年八月号（東海教育研究所）掲載の「やみかん狩り」、『怪』vol.0029（角川書店／二〇一〇年三月）掲載の「妖怪誕生の瞬間を旅する、闇歩き」、『魚沼へ』VOL.43（八海醸造／二〇一四年夏号）掲載の「昼を出て、夜へ行こう」などを部分的に活かした。

第一章の「三目星」のことは、谷口義明・渡部潤一・畑英利『天文学者とめぐる宮沢賢治の宇宙』（丸善出版／二〇二二年）で知った。第六章を執筆するにあたって、宮崎学『となりのツキノワグマ』（新樹社／二〇一〇年）のほかに、羽根田治『人を襲うクマ』（山と溪谷社／二〇一七年）を熟読し、ツキノワグマの攻撃力を少しなめていたことを反省した。

この本を企画・編集した山と溪谷社の佐々木惣さんに、たいへんお世話になった。校正にあたって與那嶺桂子さんにお世話になった。写真よりリアルにナイトハイクの空気を伝えるために、エディトリアルデザイナーの天池聖さん、イラストレーターの町田早季さんにお世話になった。

二〇二三年十月
中野 純

中野純（なかの・じゅん）

1961年、東京都生まれ。「闇」に関する著作を数多く発表しつつ、ナイトハイクや夜散歩など闇歩きガイドとしても活躍。主な著書に『闇で味わう日本文学』（笠間書院）、『「闇学」入門』（集英社新書）、『闇と暮らす。』（誠文堂新光社）、『庶民に愛された地獄信仰の謎』（講談社+α新書）、『東京「夜」散歩』（講談社）、『闇を歩く』（光文社 知恵の森文庫）、『月で遊ぶ』（アスペクト）など。東京造形大学非常勤講師。

ナイトハイクのススメ
夜山に遊び、闇を楽しむ

YS072

2023年12月5日　初版第1刷発行

著　者　中野 純
発行人　川崎深雪
発行所　株式会社 山と溪谷社
〒101-0051
東京都千代田区神田神保町1丁目105番地
https://www.yamakei.co.jp/

■乱丁・落丁、及び内容に関するお問合せ先
山と溪谷社自動応答サービス　電話03-6744-1900
受付時間／11時～16時（土日、祝日を除く）
メールもご利用ください。
【乱丁・落丁】service@yamakei.co.jp
【内容】info@yamakei.co.jp
■書店・取次様からのご注文先　山と溪谷社受注センター
電話048-458-3455　ファクス048-421-0513
■書店・取次様からのご注文以外のお問合せ先
eigyo@yamakei.co.jp

印刷・製本　図書印刷株式会社

定価はカバーに表示してあります

Printed in Japan ISBN978-4-635-51081-3